PHILOSOPHISCHE PERSPEKTIVEN

Jochen Kirchhoff

Hoffnung
&
Erkenntnis

PHILOSOPHISCHE PERSPEKTIVEN

Jochen Kirchhoff

Hoffnung
&
Erkenntnis

Essays

edition *dionysos*

Bibliografische Information der Deutschen Nationalbibliothek: Die Deutsche Nationalbibliothek verzeichnet diese Publikation in der Deutschen Nationalbibliografie; detaillierte bibliografische Daten sind im Internet über http://dnb.dnb.de abrufbar.

Autor: Jochen Kirchhoff
Layout & Satz: Wolfram Bahmann, Uli Fischer
Verlag: BoD · Books on Demand GmbH,
                   Überseering 33, 22297 Hamburg,
                   bod@bod.de
Druck: Libri Plureos GmbH,
                   Friedensallee 273, 22763 Hamburg
ISBN: 978-3-8192-2784-4

Inhalt

Begleitwort

Ausgangspunkt für diesen Band mit Äußerungen von Jochen Kirchhoff, die unter anderem den Zusammenhang von Hoffnung und Erkenntnis aus verschiedenen Perspektiven beleuchten, ist sein Aufsatz „Zum Problem der Erkenntnis bei Nietzsche", der im Jahrgang 1977 der „Nietzsche-Studien" (de Gruyter) erschienen ist. In unseren Augen liegt hier ein ausgezeichneter Grundlagentext für ein differenziertes Nietzsche-Verständnis vor, das Wesentliches im Denken Nietzsches überhaupt erst freilegt. Zugleich kommt man in Berührung mit der naturphilosophischen Erkenntniskraft des Denkers Kirchhoff, der vor dem Hintergrund einer lebendigen Kosmologie und eines geistig-kosmischen Menschenbildes einerseits den Philosophen Nietzsche in seiner erkenntniskritischen und erkenntnisbejahenden Haltung zu charakterisieren vermag und andererseits den latenten Metaphysiker Nietzsche zu würdigen und in gewisser Weise auch gegen vorschnelle und oberflächliche Einordnungen zu verteidigen weiß. Ein souveräner Ton, der sich aus dem Bewusstsein einer tieferen Einsicht in das eigentliche Anliegen Nietzsches speist, ist zu vernehmen, der Nietzsche den Rang eines ernstzunehmenden Mitstreiters um das wahre Wohl der Menschheit zuerkennt.

Ohne Erkenntnisbejahung – und eben Erkenntnis, konkret und tief – kann keine echte Hoffnung gedeihen. Dass es in den gegenwärtigen Auseinandersetzungen um die Zukunft des Menschen notwendig ist, die ureigene geistig-seelische Substanz des Menschen, ganz im Sinne Nietzsches, gegen alle Angriffe zu verteidigen, zeigt Jochen Kirchhoff in „Angriff auf das Zentrum des Menschen". Corona-Krise, Ukraine-Krieg, transhumanistischer Technizismus etc. – in vielerlei Hinsicht wirkt der fortdauernde Nihilismus in seinen unmittelbar überwachenden, kontrollierenden und reduzierenden Wirkungen wie ein unaufhaltsamer Wegbereiter der totalen Vernichtung. Dagegen kann und muss die unmittelbare Wahrnehmung der menschlichen Innerlichkeit und ein Weltverständnis gesetzt werden, das mit dem Rätselhaften und Unergründlichen der Existenz vereinbar ist und bleibt.

Das Gespräch mit Ralf Hanselle über die Hoffnung als wirksame und notwendige Größe menschlicher Existenz zeigt deren Omegapunkt auf, der nur in einem dem Leben immanenten Telos bestehen kann. Es geht um eine wache und zum Realismus fähige Hoffnung, die das Wunder für möglich hält und es im Geheimnis des Daseins immer und immer wieder zu entdecken bereit, willens und fähig ist.

Ohne Erkenntnis keine Hoffnung, die diesen Namen verdient. Ohne Hoffnung keine Erkenntnis – und paradigmatische Erkenntnisüberschreitung, die uns in diesen Tagen der globalen Transformation einerseits fehlt, andererseits permanent beschäftigt, fordert – und zur grundlegenden Auflösung der destruktiven Muster auf Erden führen könnte.

In diesem Sinne wünschen wir den Lesern dieser Texte Freude beim Nachdenken über Grundfragen des Daseins, beim Entdecken eigener Positionen – und handlungsleitende Inspiration. Für die freundliche Überlassung der jeweiligen Texte für die Print-Veröffentlichung herzlichen Dank an Ralf Hanselle vom „Cicero. Magazin für politische Kultur", die Redaktion von „GEGENDRUCK" und Rüdiger Sünner.

Uli Fischer und Wolfram Bahmann
im April 2025

*„Die starke Hoffnung ist ein viel
größeres Stimulans des Lebens, als irgendein
einzelnes wirklich eintretendes Glück."*

Nietzsche, Der Antichrist, 1888

Zum Problem der Erkenntnis bei Nietzsche

Vorbemerkungen

Eine systematisch ausgearbeitete und in sich widerspruchsfreie Erkenntnistheorie hat Nietzsche nicht vorgelegt, hätte dies doch seinem philosophischen Selbstverständnis radikal widersprochen. Dennoch lassen sich gewisse Grundpositionen herausarbeiten.

Die auftretenden Widersprüche innerhalb der erkenntnistheoretischen Aussagen Nietzsches können im Letzten auf einen Kernwiderspruch reduziert werden, der sich thesenhaft wie folgt darstellen lässt:

1. Die Erkenntnis der „objektiven" oder „eigentlichen" Realität der Welt ist unmöglich, weil der dem organischen Leben innewohnende Perspektivismus nicht übersprungen werden kann, ohne das Leben selbst zu vernichten. Was wir zu „erkennen" meinen, sind nur anthropomorphe Fiktionen, mittels derer wir ein für uns unerkennbares und unfassbares kosmisches Geschehen messbar und denkbar machen. Erst dadurch vermag Natur Gegenstand von Wissenschaft zu werden.

2. Es gibt einen Weg zur Erkenntnis der „realen Welt" über das eigene Selbst, da sich im Menschen als eines Teils der Welt notwendig das Weltganze in seinem Grundgefüge widerspiegelt, da das Ganze der Natur und der Einzelmensch analog strukturiert sind. Diese Art der Erkenntnis ist wesensmäßig Erinnerung: Das erkennende Subjekt „erinnert" sich seines Ursprungs im kosmischem Werden. Für einen blitzartigen Augenblick werden dabei die Relativität und der Perspektivismus des rational empirischen Bewusstseins durchschlagen.

Mit der ersten These wendet sich Nietzsche gegen alle bisherige Metaphysik sowie gegen den Erkenntnisanspruch der sog. „exakten Naturwissenschaften".

Mit der zweiten These wird er selbst zum Metaphysiker, ohne dies offen einzugestehen und ohne sich dessen voll bewusst zu sein.[1]

1.1

„Woran liegt es doch", schreibt Nietzsche in der Vorrede zur „Morgenröte" aus dem Jahre 1886, „dass von Plato ab alle philosophischen Baumeister in Europa umsonst gebaut haben? Dass alles einzufallen droht oder in Schutt liegt, was sie selber ehrlich und ernsthaft für *aere perennius* hielten? O wie falsch ist die Antwort, welche man jetzt noch auf diese Frage bereit hält, ‚weil von ihnen allen die Voraussetzung versäumt war, die Prüfung des Fundamentes, eine Kritik der gesamten Vernunft' – jene verhängnisvolle Antwort Kants, der damit uns moderne Philosophen wahrhaftig nicht auf einen festeren und wenig trüglichen Boden gelockt hat! (– und nachträglich gefragt, war es nicht etwas sonderbar, zu verlangen, dass ein Werkzeug seine eigne Trefflichkeit und Tauglichkeit kritisieren solle? dass der Intellekt selbst seinen Wert, seine Kraft, seine Grenzen ‚kennen' solle? war es nicht sogar ein wenig widersinnig? –)".

(KTA 4, S. 5)

Im Nachlass heißt es:

> „Ein Werkzeug kann nicht seine eigene Tauglichkeit *kritisieren:* Der Intellekt kann nicht selber seine Grenze, auch nicht sein Wohlgeratensein oder sein Missratensein bestimmen."
>
> (KTA 11, S. 64)

Was hier Nietzsche kritisiert, ist der Anspruch der Kantischen Philosophie, die Grenzen der Vernunft abgesteckt zu haben. Philosophie als „Wissenschaft von den Grenzen der Vernunft" (Kant) ist nach Nietzsche prinzipiell unmöglich, solange nicht ein echtes Wissen um Erkenntnis und ihr Wesen den Ausgangspunkt darstellt:

> „Wenn wir nicht *wissen*, was Erkenntnis ist, können wir unmöglich die Frage beantworten, ob es Erkenntnis gibt."
>
> (WM, KTA 9, S. 362)

Noch deutlicher hat Nietzsche in dem folgenden Aphorismus aus dem Nachlass die einzige Voraussetzung einer echten Erkenntnistheorie als einer „Wissenschaft von den Grenzen der Vernunft" dargestellt:

> „Der Intellekt kann sich nicht selbst kritisieren, eben weil er nicht zu vergleichen ist mit andersgearteten Intellekten und weil sein Vermögen zu erkennen erst angesichts der ‚wahren Wirklichkeit' zu Tage treten würde, d. h. weil, um den Intellekt zu kritisieren, wir ein höheres Wesen mit ‚absoluter Erkenntnis' sein müssten." (WM, KTA 9, S. 331)

Mit den bisher gebrachten Zitaten ist der Standpunkt Nietzsches klar umrissen: Nietzsche geht in Anlehnung an Schopenhauer von der Prämisse aus, der Intellekt sei wesensmäßig Werkzeug, Organ, Instrument von unbewussten Willensströmungen, Werkzeug des Willens zur Macht. Folglich – und diese Folgerung ist in sich durchaus konsequent – ist es für ihn unmöglich, sich selbst, d. h. seine Möglichkeiten und seine Grenzen, zu kritisieren.

Dies sei allein möglich (theoretisch!) auf der sicheren Grundlage einer „absoluten Erkenntnis", welche zusammenfiele mit einer Erkenntnis der „wahren Wirklichkeit" der Welt außerhalb der durch das Bewusstsein bereits gegebenen Relativität, außerhalb aller perspektivischen Arten der Betrachtung. Eine derartige „absolute Erkenntnis" lehnt Nietzsche als mit den Grundbedingungen des organischen Lebens unvereinbar ab: Der im Organischen wurzelnde Perspektivismus ist die nicht zu überschreitende Grenze menschlichen Erkennens.

Insofern teilt Nietzsche grundsätzlich die Ansicht Kants, dass metaphysische, d. h. absolute Erkenntnis unmöglich sei, solange wir Menschen sind. Eine Übereinstimmung, welche jedoch nicht über die Tatsache hinwegtäuschen darf, dass Nietzsche die gesamte „Kritik der reinen Vernunft" für ein in sich widersinniges und aussichtsloses Unterfangen hält.

Hier rühren wir bereits an den in den Vorbemerkungen angedeuteten seltsamen Widerspruch: Einerseits kann Nietzsche – zumindest partiell – als Kantianer bezeichnet werden, andererseits besteht sein Philosophieren in einem permanenten Transzendieren der durch die Vernunftkritik aufgezeigten Grenzen; Nietzsches Erkenntnislehre vom Prinzip der schöpferischen Analogie und vom „Blitz der Erinnerung" als Mittel der Seinserkenntnis steht der Position Kants diametral entgegen. –

Im Folgenden soll zunächst untersucht werden, wie Nietzsche das Wesen wissenschaftlichen Erkennens definiert, wie sich ihm das Verhältnis von Wissenschaft und „Wahrheit" darstellt.

1.2

Nietzsche hat stets betont, nicht zu wissen, was Erkenntnis ihrem „eigentlichen" Wesen nach sei; seine grundsätzliche Ablehnung der Möglichkeit absoluten Erkennens wurde bereits angesprochen. In einem Nachlass-Aphorismus heißt es:

> „Damit es irgend einen Grad von Bewußtsein in der Welt geben könne, mußte eine unwirkliche Welt des Irrtums entstehen: ... Erst nachdem eine imaginäre Gegenwelt im Widerspruch zum absoluten Fluße entstanden war, konnte auf dieser Grundlage etwas erkannt werden, – ja zuletzt kann der Grundirrtum eingesehen werden, worauf alles beruht ... doch kann dieser Irrtum nicht anders als mit dem Leben vernichtet werden: Die letzte Wahrheit vom Fluß der Dinge verträgt die Einverleibung nicht, unsere Organe (zum Leben) sind auf den Irrtum eingerichtet."
>
> (KGW V 2, S. 401/402)

Die „imaginäre Gegenwelt", welche Nietzsche hier der „letzten Wahrheit vom Fluß der Dinge" gegenüberstellt, ist die durch und durch fiktionale Welt des „Seins", beruhend auf dem Glauben an Beharrendes, an Dauer, an sich gleichbleibende Einheiten. Bemerkenswert erscheint an dem zitierten Aphorismus, dass Nietzsche, der doch ausdrücklich jede „absolute" Erkenntnis ablehnt, die Kategorie des Absoluten mit dem Begriff des Werdens verbindet: Er spricht wörtlich vom „absoluten Fluße". Auch in anderen Aphorismen finden sich analoge Formulierungen:

> *„Wir können von keinem ‚Naturgesetz' eine ewige Gültigkeit behaupten, wir können von keiner chemischen Qualität ihr ewiges Verharren behaupten, wir sind nicht fein genug, um den mutmaßlichen absoluten Fluß des Geschehens zu sehen: Das Bleibende ist nur vermöge unserer groben Organe da ..."*
>
> (KTA 11, S. 31)

Oder:

> *„Im absoluten Werden kann die Kraft nie ruhen."*
>
> (KTA 11, S. 34)

Nietzsche „mutmaßt" demnach eine Art „absolutes Werden" als letzten Wirklichkeitsgrund; die Legitimität hierfür wird an späterer Stelle deutlich werden.

1.3

Nietzsches Definition der Grundlagen menschlichen und damit perspektivischen Erkennens lässt sich wie folgt zusammenfassen:

Gleich allen organischen Wesen fingiert der Mensch Beharrendes, baut sich die lebensnotwendige Fiktion eines „Seins" auf. „Lebensnotwendig" insofern, als dieser Vorgang zu den Erhaltungsbedingungen organischen Lebens gehört; „objektive" Erkenntnis – diese Auffassung Nietzsches kann nicht oft genug betont werden – ist prinzipiell unmöglich, Erkenntnis ist vielmehr stets relativ und perspektivisch, im Letzten Ausdrucksform einer bestimmten Metamorphose des Willens zur Macht. Erkenntnis, sofern gebunden an das rational-empirische Bewusstsein, an den Intellekt schlechthin, ist wie der Intellekt selbst nur Werkzeug, nur Organ, vermag „an sich" gar nicht zu existieren.

Dies hat Nietzsche in vielfältigen Formen und Abwandlungen immer wieder zum Ausdruck gebracht, und zwar bereits seit dem Jahre 1873 („Über Wahrheit und Lüge im außermoralischen Sinn"). Wenn demnach zum Essentiellen des Lebendig-Organischen Perspektivismus und Relativität gehören, dann spiegelt unser Bewusstsein eine Traumwelt, eine „imaginäre Gegenwelt" (s. o.) relativen Beharrens; dann bedeutet „Erkennen" mittels des Intellekts bereits Verfälschung in Richtung auf die Fingierung von „Sein", von Dauer, von abgrenzbaren Einheiten.

Wir sahen, dass Nietzsche den Komplex des Werdens mit der Kategorie des Absoluten verbindet. Im Sinne der traditionellen philosophischen Termini vor Nietzsche könnte man also sagen, dass er im Gegensatz zur rationalistischen Philosophie das „An-Sich" der Dinge nicht als „Sein", als etwas Ruhendes definiert, sondern als ewige Bewegung, als ewigen Fluss eines im Letzten unerkennbaren und unfassbaren Geschehens. –

Wohl am klarsten hat Nietzsche das Verhältnis von Intellekt und kosmischem Werden in folgendem Aphorismus zum Ausdruck gebracht:

> *„Unser Intellekt ist nicht zum Begreifen des Werdens eingerichtet, er strebt die allgemeine Starrheit zu beweisen, dank seiner Abkunft aus Bildern. Alle Philosophen haben das Ziel gehabt, zum Beweis des ewigen Beharrens, weil der Intellekt darin seine eigene Form und Wirkung fühlt."*

(KTA 11, S. 27)

Der Intellekt kann also seiner Struktur nach das Werden niemals „begreifen"; dem sich ständig Verändernden und sich Wandelnden gegenüber versagt er.

Es klafft ein unüberbrückbarer Abgrund zwischen dem kosmischen Werden als „letzter Wahrheit" (s. o.) – von Nietzsche, wie noch zu zeigen sein wird, als kämpferisches Wollen vorgestellt – und dem menschlichen Intellekt. Letzterer verdankt seine Entstehung einem Abstraktionsprozess: ausgehend von visuellen Eindrücken relativer Konstanz („Bildern"), also von bildhaft sich gleichbleibenden Wirklichkeitselementen, in denen sich ein – wenn auch scheinbares – „Sein" manifestiert. Die Schopenhauer-These vom Intellekt als einer „Flächenkraft", welche nicht ins Innere der Dinge zu dringen vermöge, wird also von Nietzsche im Grundansatz geteilt.

Sich gleichbleibende Einheiten sind demnach eine durch den Intellekt hervorgerufene Fiktion, diese Fiktion wiederum Emanation des Willens zur Macht, der sich des Intellekts als eines Werkzeuges bedient. Es gibt also nach Nietzsche keine „Freiheit", jedenfalls keine Freiheit im Sinne des naiven Realismus oder auch der Philosophie Kants (Freiheit als Postulat). Der Intellekt ist seinem Wesen nach gleichsam permanent gezwungen, in seiner Anwendung auf die Wirklichkeit des kosmischen Werdens eben diese Wirklichkeit zu negieren, in Richtung auf „Sein" zu verfälschen. Nietzsche formuliert es extrem: Der Intellekt sei bestrebt, „die allgemeine Starrheit zu beweisen"!

Der hierin angesprochene Komplex soll im Folgenden erweitert und ergänzt werden.

1.4

Der Intellekt ist als Ordnungssinn, als Koordinator der Sinnesempfindungen (Schopenhauer) zur Orientierung des Menschen in der Welt der Erscheinungen unentbehrlich und notwendig. Dennoch ist er seiner Struktur nach unfrei, eine Auffassung, die Nietzsche von Schopenhauer übernommen hat und welche partiell vorausweist auf Elemente der modernen Psychologie.

Wenn der Intellekt im Letzten nur Werkzeug-Charakter hat, er nur Instrument einer bestimmten Metamorphose des „dahinter" wirkenden Willens zur Macht ist, gleichsam nur die Spitze des Eisbergs, dann wäre der weiterführende Gedanke konsequent, eben dieser Intellekt selbst könne seiner „Form und Wirkung" gemäß bei seiner Anwendung auf den Komplex des kosmischen Werdens destruktive Wirkungen entfalten, sich als potentiell nihilistisch erweisen. Dies offenkundig nur dann, wenn er seine natürlichen Grenzen und Funktionen überschreitet, welche sich im Ordnen des

„Rohstoffs" der Sinnesbeeindruckungen manifestieren. Dann – und nur dann – kann der Intellekt zum Werkzeug des „Willens zum Nichts" des „nihilistischen Willens zur Macht" werden (zur Erklärung dieser Begriffe weiter unten); – denn ein Werkzeug, dessen Wirkung „ewige Starrheit" ist oder das diese zu „beweisen" bestrebt ist, welches also primär auf das „Tote", das Anorganisch-Starre gerichtet ist, kann in der Konfrontation mit organischem Werden in letzter Konsequenz nur in Vernichtung ausarten. Wobei zu bemerken ist, dass es nach Nietzsche überhaupt keine „anorganische" Welt im üblichen Sinn gibt, diese vielmehr nur eine Täuschung des menschlichen Erkenntnisvermögens darstellt. Bedenkt man unter diesen Auspizien die Entwicklung der modernen Physik, insbesondere seit Planck und Einstein, in der besonderen Form ihrer Abstraktionen und deren bekannte Folgen, dann wird die Aussage im Nachlass verständlich, wo Nietzsche von den „nihilistischen Konsequenzen der jetzigen Naturwissenschaft" (WM, KTA 9, S. 8) spricht oder von dem „nihilistischen Zug" (S. 56) im naturwissenschaftlichen Kausalismus und Mechanismus.

Dies ist alles andere als eine prinzipiell antiwissenschaftliche Haltung, wiewohl Nietzsche partiell durchaus eine gewisse Anti-Wissenschaftlichkeit zu erkennen gibt. Im Übrigen sind seine Aussagen auch in diesem Punkte bemerkenswert widersprüchlich.

In diesem Zusammenhang, auch um das Nachstehende verständlich zu machen, seien zwei zentrale Komponenten im Denken Nietzsches herausgestellt, die zwar bereits angeklungen sind, welche aber für das Verständnis von Nietzsches Philosophie von nicht zu überschätzender Bedeutung sind.

„Wir haben zwei ‚Willen zur Macht' im Kampfe ge-sehn", heißt es einmal wörtlich im Nachlass (WM, KTA 9, S. 275). Einem „Willen zum Nichts", von Nietzsche durchaus als Machtwille verstanden, als „nihilistischer Wille zur Macht", steht als schöpferisches Prinzip der „unerschöpfte zeugende Lebens-Wille" (Zarathustra) gegenüber, von Nietzsche zuweilen auch mit Schopen-hauer als „Wille zum Leben" bezeichnet. So heißt es im Nachlass im gedanklichen Umkreis des obigen Zitats über die „zwei ‚Willen zur Macht' ", die miteinander im Kampfe liegen:

> *„Die* Niedergangs-Instinkte *sind Herr über die* Auf-gangs-Instinkte *geworden ... Der Wille zum Nichts ist Herr geworden über den Willen zum Leben!"*
> (KTA 9, S. 274)[2]

Nach Nietzsche ist der „Wille zum Leben" nur *eine* der vielen Ausdrucksformen des schöpferischen Willens zur Macht. Der Begriff „Wille zum Nichts" findet sich bereits bei Schopenhauer. Man hat also zu bedenken, dass Nietzsches vielfach missverstandene Formel vom Willen zur Macht dialektisch strukturiert ist und letztlich den Grundwiderspruch allen Seins im Kosmos enthält.

Der schöpferische Wille zur Macht ist dem Prinzip der Steigerung unterworfen: „Schaffen" im Sinne dieses Machtwillens ist stets ein Über-sich-hinaus-Schaffen. Wenn Goethe Polarität und Steigerung zum Grundprin-zip der Natur erhebt, dann wird u. a. verständlich, war-um Nietzsche ihn neben Heraklit, Empedokles und Spi-noza seinen geistigen „Vorfahren" zurechnet. (KGW VII

2, S. 130)

Eine nähere Darstellung und beweiskräftige Fundierung der Dialektik in dem Begriff des Willens zur Macht kann in dem Rahmen dieses Aufsatzes nicht vorgenommen werden.[3]

Die zweite Komponente im Denken Nietzsches besteht in der Lehre von der strukturellen Unfreiheit des Intellekts.

Ich habe oben zum Ausdruck zu bringen versucht, dass der Intellekt im Verständnis Nietzsches nur eine Art „Spitze des Eisbergs" darstellt, die in das Bewusstsein hineinragende letzte und schmalste Ausdrucksform von dunklen und unbewussten Willensströmungen, Triebimpulsen.

Diese Unfreiheit widerspricht radikal dem subjektiven Gefühl der Freiheit des Intellekts.

Ist der Intellekt unfrei bzw. Werkzeug des Willens zur Macht, dann wären konsequent *alle* intellektuellen Betätigungen und Denkvorgänge in gleichem Maße nur bewusstgewordene Wirkungen von Trieb- und Willensimpulsen. Jedes philosophische System, jede noch so objektive und an reiner Sachlichkeit orientierte wissenschaftliche Erkenntnisbemühung, alle religiösen Strebungen usw. erweisen sich unter dieser Prämisse als Spielarten und Ausdrucksformen des Willens zur Macht.

Ein „reines" oder ausschließlich „objektives" und um äußerste Sachlichkeit bemühtes wissenschaftliches Denken ist nach Nietzsche im Letzten eine Illusion, eine Selbsttäuschung des Intellekts. So wäre auch beispielsweise die Erkenntnisbemühung eines theoretischen Physikers, der sich um die Erforschung der Elementarteilchen der Materie und deren mathematische Beschreibung bemüht, dieser grundlegenden Prämisse nach nur die Emanation eines unbewussten Machtwillens.

Wobei der einzelne Forscher subjektiv durchaus der Meinung sein kann, nur der „Wahrheit" zu dienen bzw. um „objektive Erkenntnis" bemüht zu sein.

Benutzt man einmal die Nietzschesche Auffassung als eine Art Arbeitshypothese, so ergeben sich von ihr aus überraschende, teils erschreckende Konsequenzen für die Einschätzung und Bewertung der dominierenden Geistesströmungen unserer Zeit.

1.5

Nietzsches naturphilosophische Konzeption vom „absoluten Werden" als Wirklichkeitsgrund widerspricht nicht nur radikal dem mechanistischen Denken der Physik im ausgehenden 19. Jahrhundert, sondern auch wesentlichen Grundpositionen der modernen Physik, – dies trotz erstaunlicher Vorwegnahme von Forschungsergebnissen der Atomphysik.

Bekanntlich arbeitet die theoretische Physik mit einem System von sog. „Konstanten", d. h. letztlich unveränderlich „seienden" Größen. Mathematische Beschreibung von Naturvorgängen ist ohne die Annahme derartiger Konstanten nicht denkbar: „Absolutes Werden" lässt sich mathematisch nicht beschreiben! Seit der Relativitätstheorie gilt das Licht bzw. die Lichtgeschwindigkeit als „absolute Konstante" (Einstein), ein Umstand, der insofern bemerkenswert erscheint, als hierdurch demonstriert wird, dass auch der moderne Physiker mit der Kategorie des „Absoluten" operiert, wenn auch im Gegensatz zu Nietzsche in Verbindung mit einer – hypothetischen – Grundkonstante der Natur.

Derartige physikalische Grundkonstanten wie z. B. die Gravitationskonstante widersprechen nach Nietzsche der Wirklichkeit des „absoluten Werdens"; sie sind folglich Schein und Täuschung, Fiktionen des Intellekts und der an diesen gebundenen Forschungsmethode. Der Begriff der Konstante wäre demnach nur ein Hilfsmittel im Rahmen des naturwissenschaftlichen Bemühens, die Welt der „absoluten Bewegung" (KTA 11, S. 31) dem denkenden und messenden Zugriff des Menschen zugänglich zu machen. Mit einiger Vorsicht könnte man eine Art „Relativitätsprinzip" in der Naturphilosophie Nietzsches ausfindig machen, welches weit über den Einsteinschen Begriff der Relativität hinausgeht und sich wie folgt formulieren ließe:

Das einzig „Absolute" ist das kosmische Werden, der ewige Fluss der Dinge – seinem „Wesen" nach unfassbar und unerkennbar; ausgehend von diesem „Absoluten", ergibt sich für alle Phänomene der „Erscheinungen" eine gleichsam „totale Relativität". Anders formuliert: Aus dem „absoluten Werden" der Willensströme im Kosmos ergibt sich die einschränkungslose Relativität ausnahmslos *aller* physikalischen Phänomene *einschließlich* des Lichts oder der Gravitation!

Die Nietzschesche Theorie von der gleichsam „totalen Relativität" im Rahmen des „absoluten Werdens" kann nur in einer umfangreicheren Arbeit ihre angemessene Auswertung und naturwissenschaftlich-geistesgeschichtliche Einordnung erfahren. An dieser Stelle sei lediglich erwähnt, dass meines Wissens nur ein moderner Naturphilosoph diesen Gedanken zu einer Kos-

25

molarie ausgeweitet hat, ohne allerdings von Nietzsche seinen Ausgang zu nehmen. Ich meine den Naturphilosophen Simon Kraus, welcher in seiner Schrift „Der Baustoff der Welt" dem Einsteinschen Begriff der Relativität den Gedanken der „totalen Relativität" – wenn auch nicht expressis verbis – gegenüberstellt.[4]

1.6

Hier sei zunächst angeknüpft an meine Ausführungen über die Relation von Erkenntnis und Werden innerhalb der Erkenntnistheorie Nietzsches. Im Nachlass heißt es einmal:

> „*Gesetzt, alles ist Werden, so ist Erkenntnis nur möglich auf Grund des Glaubens an Sein.*"

> (WM, KTA 9, S. 355)

Oder:

> „*Die* Annahme des Seienden *ist nötig, um denken und schließen zu können: die Logik handhabt nur Formen für Gleichbleibendes. Deshalb wäre die Annahme noch ohne Beweiskraft für die Realität:* ‚das Seiende' *gehört zu unserer Optik ... Der Charakter der werdenden Welt als unformulierbar, als ‚falsch', als ‚sich-widersprechend'.* Erkenntnis *und* Werden *schließen sich aus.* Folglich *muß* ‚Erkenntnis' *etwas anderes sein: es muß ein Wille zum Erkennbar-machen vorangehn, eine Art Werden selbst muß die Täuschung des Seienden schaffen.*"

> (WM, KTA 9, S. 354/355)

Bei der gedanklichen Verarbeitung dieser Aussagen muss der Umstand berücksichtigt werden, dass Nietzsche hier den Begriff „Erkenntnis" im Sinne der traditionellen rationalistischen Philosophie verwendet. „Erkenntnis" meint hier „Vernunfterkenntnis", ist also eng an den Intellekt gekoppelt. Die rationalistische Philosophie, welche Nietzsche zu überwinden suchte, ging in der Nachfolge von Sokrates-Platon davon aus, dass der ‚Begriff', als das sich gleichbleibende „Wesen" eines Dinges, der gesamten Erscheinungswelt als eine Art „Idee" zugrundeliege, – dass die vielfältige und bunte phänomenale Welt als Täuschung und Schein (weil dem „Werden" unterworfen) einer im „Sein" wurzelnden höheren Sphäre entspringe. Wenn Kant Philosophie als „Vernunfterkenntnis aus Begriffen" definiert, dann kommt darin deutlich zum Ausdruck, dass die Begriffe – und nicht die konkrete, stets unzulängliche Erfahrung – geeignet scheinen, „Erkenntnis" zu vermitteln.

Genau hier setzt Nietzsches Grundlagenkritik an, seine Kritik an der Begrifflichkeit aller bisherigen Philosophie. – Was ist nun eigentlich „Wissenschaft" im Verständnis Nietzsches, in welchem Verhältnis steht sie zur ‚Wahrheit' des kosmischen Werdens?

„Ist es denn „die Wahrheit", welche allmählich durch die Wissenschaft festgestellt wird? Ist es nicht vielmehr der Mensch, welcher sich feststellt – welcher eine Fülle von optischen Irrtümern und Beschränktheiten aus sich gebiert oder auseinander ableitet, bis die ganze Tafel beschrieben ist und der Mensch in seinen Beziehungen zu allen übrigen Kräften feststeht ..."

(KGW V 2, S. 533)

In diesen Worten ist der Kern des erkenntnistheoretischen Skeptizismus Nietzsches ausgesprochen, welcher, wie noch zu zeigen sein wird, demjenigen der modernen Physik eigentümlich nahekommt.

Die Wissenschaft stellt also nicht eigentlich „Wahrheit" fest; „Natur an sich" oder in ihrem „eigentlichen" Wesen zu erkennen oder „festzustellen" ist Wissenschaft prinzipiell außerstande. Wissenschaft grenzt lediglich den Menschen möglichst scharf und exakt gegen die „Dinge" ab; der Mensch stellt strenggenommen nicht „Natur", sondern „sich selbst" fest, – Wissenschaft erfasst niemals die „objektive Realität" der Natur.

Man muss bedenken, dass diese Gedanken zu einer Zeit formuliert wurden, als die klassische Physik, unzulässig verallgemeinert zu einer mechanistischen Naturphilosophie, allenthalben den Anspruch erhob, mittels mathematisch zu beschreibender mechanischer Prinzipien tatsächlich so etwas wie eine universale „Welterklärung" im „objektiven" Sinn zu leisten.

Man war mit wenigen Ausnahmen davon überzeugt, das kausal-mechanische Weltbild stelle nunmehr eine letztmögliche Annäherung an die „objektive Realität" zumindest der anorganisch-physikalischen Natur dar. „Wissenschaft" schien weit entfernt von Anthropomorphismus und Subjektivismus.

Dem stellt Nietzsche die These gegenüber, die scheinbar „objektive" Naturwissenschaft spiegele nur das Verhältnis des Menschen zur Natur wider, beschreibe lediglich des Menschen „Beziehungen zu allen übrigen Kräften".

Hier berührt sich Nietzsche mit erkenntnistheoretischen Grundpositionen der modernen Physik. Wohl am klarsten hat diese Positionen der Physiker Werner Heisenberg in seinen Schriften zum Ausdruck gebracht. So heißt es beispielsweise im „Naturbild der heutigen Physik":

> „Auch in der Naturwissenschaft ist also der Gegenstand der Forschung nicht mehr die Natur an sich, sondern die der menschlichen Fragestellung ausgesetzte Natur, und insofern begegnet der Mensch auch hier wieder sich selbst." [5]

> „Wenn von einem Naturbild der exakten Naturwissenschaft in unserer Zeit gesprochen werden kann, so handelt es sich also eigentlich nicht mehr um ein Bild der Natur, sondern um ein Bild unserer Beziehungen zur Natur. Die alte Einteilung der Welt in einen objektiven Ablauf in Raum und Zeit auf der einen Seite und die Seele, in der sich dieser Ablauf spiegelt, auf der anderen, also die Descartes'sche Unterscheidung von ‚res cogitans' und ‚res extensa', eignet sich nicht mehr als Ausgangspunkt zum Verständnis der modernen Naturwissenschaft." (a.a.O. S. 21)

Weiter schreibt Heisenberg, die moderne Naturwissenschaft befinde sich in einer „Erkenntnissituation", „in der eine Objektivierung des Naturvorganges nicht mehr möglich ist".

> „Die wissenschaftliche Methode des Aussonderns, Erklärens und Ordnens wird sich der Grenzen bewußt, die ihr dadurch gesetzt sind, daß der Zugriff der Methode ihren Gegenstand verändert und umgestaltet,

29

daß sich die Methode also nicht mehr vom Gegenstand distanzieren kann. Das naturwissenschaftliche Weltbild hört damit auf, ein eigentlich naturwissenschaftliches zu sein." (a.a.O. S. 21)

Diese Aussagen Heisenbergs, durchaus repräsentativ für die Erkenntnissituation der modernen Physik, weisen verblüffende Parallelen auf zu den entsprechenden Aussagen Nietzsches mehr als sieben Jahrzehnte vorher. Auch unter Berücksichtigung des Kontextes, in den die Ausführungen Heisenbergs eingebettet sind, d. h. in der Zurückweisung der noch um 1900 vorherrschenden Auffassung, naturwissenschaftliche Forschung vermittle ein Bild der objektiven Realität der Natur, wird diese seltsame Vorwegnahme modernster Positionen durch Nietzsche deutlich: Nietzsche wird nicht müde, darauf hinzuweisen, dass der Anspruch der Naturwissenschaft seiner Zeit, mittels des kausal-mechanischen Weltbildes die „objektive Natur" abzubilden, ja zu erklären, eine komplette Illusion sei.

Den Wortführern des kausal-mechanischen Weltbildes, der „mechanischen Welterklärung", setzt Nietzsche ähnlich der heutigen Physik die Auffassung entgegen, dass der Mensch durch seine besondere Art des wissenschaftlichen Vorgehens im Grunde nur seine Beziehungen zu allen übrigen Kräften der Natur darstellt, demnach also, wie Heisenberg meint, im Letzten nur „sich selbst" begegnet; das forschende Vorgehen der Naturwissenschaft ist nur *scheinbar* objektiv, es bedient sich vielmehr einer Fülle von subjektiven Fiktionen, welche wiederum den eigentlichen Gegenstand der Forschung, nämlich die Natur, verfälschen, „vermenschlichen", dem intellektuellen Fassungs- und Vorstellungsvermögen näherbringen.

Wenn Heisenberg beispielsweise einmal von der fehlerhaften „Verallgemeinerung der rationalen (klassischen und mechanischen) Naturwissenschaft zum rationalistischen Weltbild" spricht [6], so könnte diese Aussage fast wörtlich von Nietzsche stammen. Auch Nietzsche billigt ja der Methode des mechanistischen Denkens eine gewisse Berechtigung zu, lehnt aber deren Verallgemeinerung zur mechanischen Welt-*Erklärung* aufs schärfste ab.

Auch einige andere Berührungspunkte Nietzsches mit der Erkenntnissituation der modernen Physik sollen hier angesprochen werden. Hierbei darf jedoch nicht aus den Augen verloren werden, dass das naturphilosophische Denken Nietzsches trotz erstaunlicher Vorwegnahme moderner Positionen im Letzten weit über eben diese Positionen hinausgeht, was bereits ansatzweise deutlich geworden sein dürfte, z. B. im Zusammenhang mit dem Hinweis auf den fiktionalen Charakter ausnahmslos aller naturwissenschaftlichen Konstanten.

1.7

Zu den Kernaussagen der Nietzscheschen Naturphilosophie gehört die jenige, dass „Materie" im Sinne des materialistischen Atomismus „an sich" gar nicht existiert, dass die Vorstellung von sich gleichbleibenden kleinsten Einheiten (Atomen oder Elementarteilchen) wie diejenige von der „Dinglichkeit" und gleichsam „Handgreiflichkeit" der Materie eine Illusion, eine Fiktion sei.

Materie ist nach Nietzsche „eine Art von Bewegungs-symptom für ein unbekanntes Geschehen" (KTA 11, S. 94), also letztlich Symptom des absoluten kosmischen Werdens.

Dieses „unbekannte Geschehen", nach Nietzsche ein „mutmaßliches absolutes Werden", läuft seiner Auffassung nach im Letzten außerhalb jeder menschlich-rationalen Vorstellbarkeit ab, außerhalb der Kategorien der sinnlichen Anschauung, demnach mittels unserer „normalen" Vorstellung niemals zu begreifen – daher auch der wissenschaftlichen Methode, dem Intellekt entzogen.

Die Vorwegnahme moderner physikalischer Erkenntnisse ist hier verblüffend:

Gerade in der modernen Physik ist deutlich geworden, dass die „objektive Realität" der Natur, der Materie, sich jeder rationalen Vorstellung, jeder Anschaulichkeit entzieht. Die bisherigen Realisationsformen versagen gegenüber der „Wirklichkeit": Die moderne Physik ist zu der Erkenntnis gelangt, dass „Materie"' in ihrem „objektiven Sein" gar nichts Stoffliches, nichts „Kompakt-Sinnliches" ist, – dass hier vielmehr nur noch von „Strukturen" (Heisenberg) gesprochen werden kann, dass alle bisherigen Versuche, diese „eigentliche" und letzte Wirklichkeit der Materie zu benennen und zu begreifen (beispielsweise mittels anschaulicher Atommodelle) nur gedankliche Konstruktionen, also im Sinne Nietzsches nur anthropomorphe Fiktionen sind.

Die letzten Bausteine der Materie – so könnte man es paradox formulieren – sind *selbst* eben nicht „Materie", kurz: Die „Materie" im Sinne des naiven Realismus und Mechanismus existiert so gar nicht, sie ist viel mehr eine „immaterielle", jedem menschlichen Vorstellungsvermögen entzogene Struktur. Einzig die Mathematik bleibt als letztes Bindeglied, mittels dessen partiell diese Unanschaulichkeit wenn nicht „begriffen", so doch beschrieben und teilweise auch vorhersehbar gemacht werden kann.

So wird Materie in der modernen Physik zur Erscheinungsform eines universalen Energiefeldes, welches sich „an sich" bzw. als „objektive Realität" dem menschlichen Zugriff entzieht. Der Baustoff der Welt – so Nietzsche und die moderne Physik – besteht also nicht aus ‚stofflich-kompakten' kleinsten Einheiten, die noch irgendwie vorstellbar wären, sondern aus einem „Raumfeld", einer Art „All-Energie" [o. ä.).

Dieses „Raumfeld" ist nach Nietzsche essentiell „Weltenwille". – In der modernen Naturphilosophie wäre hier vornehmlich auf den bereits erwähnten Simon Kraus hinzuweisen, der in seiner Schrift „Der Baustoff der Welt" dieses Raumenergiefeld „Weltwille" nennt, ihm ähnlich Nietzsche eine Art „absolutes kosmisches Werden" zuordnet. Auch für Kraus sind ausnahmslos alle physikalischen Konstanten einschließlich der Lichtgeschwindigkeit Schein und Täuschung, Fiktionen des Intellekts.

Ein weiterer, mit dem bisher Genannten eng zusammengehöriger Berührungspunkt zwischen Nietzsche und der modernen Physik ist die Kritik am klassischen Kausalgesetz, wonach einer Ursache eine mit Sicherheit vorauszusagende Wirkung folgt (Kant), und zwar im Sinne einer lückenlosen Kausalverknüpfung der Erscheinungen. Bekanntlich ist man heute zu der Erkenntnis gelangt, dass die grundlegenden Abläufe der Materie letztlich akausal, indeterminiert verlaufen; das klassische Kausalprinzip scheint im Mikrobereich der Materie aufgehoben zugunsten einer nur noch statistisch zu erfassenden Unstetigkeit, so dass sich Vorhersagen reduzieren auf bloße Wahrscheinlichkeit (Heisenberg in Anknüpfung an Planck).

1.8

Wir sagten, dass Nietzsche „Wahrheit" bzw. „objektive Realität" der Natur für im Letzten unerkennbar hält, dass kosmisches Werden als „absolute Bewegung" mittels wissenschaftlicher, intellektueller Erkenntnis nicht erfasst werden kann. In einem Aphorismus zur Zeit der „Geburt der Tragödie" heißt es sogar, die Wissenschaft sei „in einem bedeutenden Sinne beinahe als Gegnerin der Wahrheit" zu betrachten (KTA 10, S. 390), weil sie optimistisch sei und an die Logik glaube. „Logik" – das ergibt sich konsequent aus dem bisher Gesagten – hat für Nietzsche gleichfalls ausschließlich fiktionalen Charakter.

Die Aussage über die Wissenschaft als „Gegnerin der Wahrheit" erinnert an Ausführungen aus der Vorrede zur „Geburt der Tragödie" von 1886, wo es u. a. heißt, Wissenschaft verdanke ihre Entstehung einer Fluchtbewegung vor dem Pessimismus, Wissenschaft sei „eine feine Notwehr gegen – die *Wahrheit*"! (KTA 1, S. 35)

Diese Formulierung ist symptomatisch für eine bestimmte Grundhaltung Nietzsches zum Komplex „Wissenschaft", der sich unschwer gänzlich andersartige Aussagen gegenüberstellen ließen, in denen Wissenschaft in Verbindung mit der Kategorie der „Redlichkeit" äußerst positiv bewertet wird, und zwar in bewusster Frontstellung zum Christentum, zur Religion überhaupt. Man muss hier also sehr genau differenzieren, was sowohl Gegner als auch Anhänger und Bewunderer Nietzsches oft nicht mit der genügenden Gründlichkeit getan haben. Nietzsches Haltung zum Komplex „Wissenschaft" – vielleicht abgesehen von der Zeit der „Geburt der Tragödie" – ist durchaus ambivalent: Wenn er beispielsweise Wissenschaftlichkeit gegen jedweden Idealismus ausspielt, so schließt das gleichzeitige Grundlagenkritik an ihr in keiner Weise aus. Einmal heißt es im Nachlass (Herbst 1884):

„Wissenschaft (wie man sie heute übt), ist der Versuch, für alle Erscheinungen eine gemeinsame Zeichensprache zu schaffen, zum Zwecke der leichteren Berechenbarkeit und folglich Beherrschbarkeit der Natur". (KGW VII 2, S. 207)

Oder:

„Wissenschaft – Umwandlung der Natur in Begriffe zum Zweck der Beherrschung der Natur." (KGW VII 2, S. 192)

Wissenschaft wird also von Nietzsche eindeutig als Machtinstrument gesehen, welches geeignet scheint, die Natur mittels Begriffen und Zahlen („Berechenbarkeit") zu überwältigen, sie zu beherrschen.

Dies knüpft direkt an an die von mir partiell bereits herausgearbeitete Kritik Nietzsches an den Grundlagen des kausal-mechanischen Weltbildes: Wissenschaft in ihrer Gebundenheit an die Erkenntnisweise des Intellekts ist zwar außerstande, „Wirklichkeit" oder „Wahrheit" zu begreifen oder zu erklären, birgt aber andererseits – als Emanation einer Metamorphose des Willens zur Macht – die Möglichkeit in sich, Natur zu „überwältigen", beinhaltet also potentiell nihilistische Dimensionen. So können „Begriff" und „Zahl" zu Instrumenten des „nihilistischen Willens zur Macht" werden, des „Willens zum Nichts".

Die Auffassung Nietzsches erinnert an die berühmte Aussage Henri Bergsons in „L'evolution créative", dass der Intellekt und die Wissenschaft im Bereich des Anorganischen, des „Toten", im Bereich der „ewigen Starrheit" (Nietzsche, s. o.) ihre größten Triumphe feiern, dem lebendigen Werden gegenüber jedoch versagen.

„Formeln und Gesetze breiten Starrheit über das Bild der Natur. Zahlen töten." [7]

2.

In diesem zweiten Teil der vorliegenden Arbeit geht es darum, die von Nietzsche in Abgrenzung zur traditionellen Erkenntnistheorie entwickelte Lehre von den Möglichkeiten philosophischer Erkenntnis darzustellen.

2.1

In dem Fragment über die „Philosophie im tragischen Zeitalter der Griechen" von 1873 schreibt Nietzsche über Heraklit:

> *„Er brauchte die Menschen nicht, auch nicht für seine Erkenntniße; an allem, was man etwa von ihnen erfragen konnte und was die anderen Weisen vor ihm zu erfragen bemüht gewesen waren, lag ihm nicht. Er sprach mit Geringschätzung von solchen fragenden, sammelnden, kurz ‚historischen' Menschen. ‚Mich selbst suchte und erforschte ich', sagte er von sich, mit einem Worte, durch das man das Erforschen eines Orakels bezeichnet: als ob er der wahre Erfüller und Vollender der delphischen Satzung ‚Erkenne dich selbst' sei, und niemand sonst."* (KTA 1, S. 296)

Was hier an Heraklit besonders hervorgehoben wird, ist der stolze Hinweis des „weinenden Philosophen", er habe sich selbst zu erforschen vermocht, womit unausgesprochen gesagt ist, dass dies der von ihm beschrittene Weg zur philosophischen Welterkenntnis gewesen sei. Man könnte dies auf die Formel bringen: Echte Selbsterkenntnis führt zur Welterkenntnis.
Einer der besten Kenner der vorsokratischen Philoso-

phie, Hermann Diels, schrieb über das berühmte Fragment Heraklits:

> *„Die Natur der Welt enthüllte sich ihm, als er in die Tiefen seiner eigenen Natur hinabstieg."* [8]

Man kennt Nietzsches Bewunderung und Verehrung Heraklits, den er für den ihm verwandtnesten aller Denker hielt; weniger bekannt ist meines Wissens die direkte Anknüpfung Nietzsches an den erkenntnistheoretischen Ansatz Heraklits, der von der Identität von Welterkenntnis und Selbsterkenntnis ausgeht. Im 292. Aphorismus aus „Menschliches, Allzumenschliches" (Bd. 1) finden sich folgende Sätze:

> *„Und damit vorwärts auf der Bahn der Weisheit, guten Schrittes, guten Vertrauens! Wie du auch bist, so diene dir selber als Quell der Erfahrung! Wirf das Mißvergnügen über dein Wesen ab, verzeihe dir dein eignes Ich: denn in jedem Falle hast du an dir eine Leiter mit hundert Sproßen, auf welchen du zur Erkenntnis steigen kannst."*   (KTA 3, 1. Hälfte, S. 233)

> *„Du hast es in der Hand zu erreichen, daß all dein Erlebtes: die Versuche, Irrwege, Fehler, Täuschungen, Leidenschaften, deine Liebe und deine Hoffnung, in deinem Ziele ohne Rest aufgehen. Dieses Ziel ist, selber eine notwendige Kette von Kultur-Ringen zu werden und von dieser Notwendigkeit aus auf die Notwendigkeit im Gange der allgemeinen Kultur zu schließen. Wenn dein Blick stark genug geworden ist, den Grund in dem dunklen Brunnen deines Wesens und deiner*

Erkenntniße zu sehen, so werden dir vielleicht auch in
seinem Spiegel die fernen Sternbilder zukünftiger Kul-
turen sichtbar werden.“   (S. 234)

Ungeheure Sätze, die in ihrer erkenntnistheoretischen
Tiefendimension geradezu eine Schlüsselfunktion ein-
nehmen. Der primäre Erkenntnis-Quell für den Philosophen ist das „eigne Ich“: Er hat an sich selbst „eine Lei-
ter mit hundert Sprossen, auf welchen „er“ zur Erkenntnis steigen „kann“. Wer es nun vermag, gleichsam seinem eigenen Ich auf den „Grund“ zu kommen, damit
gleichzeitig die Erkenntnis des eigenen Selbst bis zum
Äußersten vorzutreiben, der – so Nietzsche – wäre vielleicht in der Lage, den weiteren kulturgeschichtlichen
Ablauf, „die fernen Sternbilder zukünftiger Kulturen“ zu
schauen. Dies nur deswegen, weil er sich selbst zu einer
„notwendigen Kette von Kultur-Ringen“ zu gestalten
vermochte. Dass dies überhaupt möglich ist, erklärt
sich ja ausschließlich durch die Annahme, dass der seelisch-geistige Entwicklungsgang des philosophischen
Menschen, wird er von diesem bis auf seinen letzten
Grund erkannt, sich als ein Analogon enthüllt zum allgemeinen Kulturablauf; die Geschichte einer hohen Seele also als Muster und Erkenntnisquell für die Geistes-
geschichte der Menschheit, der Grund der eigenen Seele als „Spiegel“, in dem sich auch fernste Zukünfte abzubilden vermögen. Es wird bereits deutlich, dass Nietzsche im Widerspruch zu seiner eigenen Auffassung von
den im Perspektivismus wurzelnden Grenzen menschlichen Erkennens durchaus eine Möglichkeit der Natur-
und Welterkenntnis sieht, welche dazu angetan scheint,
das rational-empirische Bewusstsein zu durchschlagen,

– nämlich eine solche über das eigene innerste Selbst. Wobei man sich nicht dadurch täuschen lassen darf, dass der zitierte Aphorismus sich zunächst nur auf den Bereich der Geschichte bezieht.

Einen Zusammenhang zwischen seinem eigenen geistigen Entwicklungsgang und dem allgemeinen Gang der Geschichte, so als wäre alles Individuelle überwunden zugunsten einer gleichsam, „urgeschichtlichen" Entwicklung, hat Nietzsche häufig betont. So nennt er sich einmal, im dritten Aphorismus der Vorrede des „Willens zur Macht", einen

> *„Wage-und-Versucher-Geist, der sich schon in jedes Labyrinth der Zukunft einmal verirrt hat",*

einen

> *„Wahrsagevogel-Geist, der zurückblickt, wenn er erzählt, was kommen wird; als der erste vollkommene Nihilist Europas, der aber den Nihilismus selbst schon in sich zu Ende erlebt hat, – der ihn hinter sich, unter sich, außer sich hat".*

(KTA 9, S. ¾)

2.2

Nietzsche scheint nicht unwesentlich von der Kantkritik Schopenhauers beeinflusst zu sein; die folgenden Sätze aus dem zweiten Band der „Welt als Wille und Vorstellung" stehen in direktem Zusammenhang mit Nietzsches Erkenntnislehre. Schopenhauer grenzt sich hier in aller Deutlichkeit von Kant ab; in dem Kapitel

„Von der Erkennbarkeit des Dinges an sich" heißt es:

„Diesem allen zufolge wird man auf dem Wege der objektiven Erkenntnis, mithin von der Vorstellung ausgehend, nie über die Vorstellung, d. i. die Erscheinung, hinausgelangen, wird also bei der Außenseite der Dinge stehen bleiben, nie aber in ihr Inneres dringen und erforschen können, was sie an sich selbst, d. h. für sich selbst, sein mögen. So weit stimme ich mit Kant überein. Nun aber habe ich, als Gegengewicht dieser Wahrheit, jene andere hervorgehoben, daß wir nicht bloß das erkennende Subjekt sind, sondern andererseits auch selbst zu den zu erkennenden Wesen gehören, selbst das Ding an sich sind; daß mithin zu jenem selbst-eigenen und inneren Wesen der Dinge, bis zu welchem wir von Außen nicht dringen können, uns ein Weg von Innen offen steht, gleichsam ein unterirdischer Gang, eine geheime Verbindung, die uns, wie durch Verrat, mit Einem Male in die Festung versetzt, welche durch Angriff von außen zu nehmen unmöglich war. – Das Ding an sich kann, eben als solches, nur ganz unmittelbar ins Bewußtsein kommen, nämlich dadurch, daß es selbst sich seiner bewußt wird: es objektiv erkennen wollen, heißt etwas Widersprechendes verlangen." [9]

Bekanntlich leugnet Nietzsche die bloße Möglichkeit eines „An-sich" der Dinge (u. a. WM, KTA 9, S. 380 u. S. 397), damit die grundsätzliche Unterscheidung zwischen einer Erscheinungswelt und der „wahren" Realität. Dies tut jedoch der erwähnten engen Beziehung seiner Erkenntnislehre zu derjenigen Schopenhauers kei-

41

nen Abbruch, zumal Nietzsches Negierung der Unterscheidung zwischen „Erscheinung" und „An-sich der Erscheinung" von ihm selbst häufig durchbrochen wird, wenn er seinen „Willen zur Macht" als letzten Wirklichkeitsgrund und damit durchaus als eine Art metaphysisches Prinzip herausarbeitet. Zumindest gibt es genügend Formulierungen, in denen eine metaphysische Deutung nicht völlig ausgeschlossen werden kann.[10] Die zwei im Folgenden zitierten Aphorismen aus dem Nachlass berühren den Kern des Erkenntnisproblems im Denken Nietzsches.

> „Der Mensch kennt die Welt in dem Grade, als er sich kennt: d. h. ihre Tiefe entschleiert sich ihm in dem Grade, als er über sich und seine Kompliziertheit erstaunt."　　　　　　　　　　　　　(GA X, S. 144 f.)

> „Wir gehören zum Charakter der Welt, das ist kein Zweifel! wir haben keinen Zugang zu ihr als durch uns: es muß alles Hohe und Niedrige an uns als notwendig ihrem Wesen zugehörig verstanden werden."
> 　　　　　　　　　　　　　　　　　　　(KTA 11, S. 108)

Der Zusammenhang dieser Aphorismen mit dem Zitat aus „Menschliches, Allzumenschliches" sowie mit der Interpretation des Heraklit-Fragments durch Nietzsche und Hermann Diels leuchtet unschwer ein: Nietzsche geht von der Voraussetzung aus, dass der Mensch ein Teil der Welt, ein Teil der Natur ist; dies klingt selbstverständlich und scheint jedem geläufig zu sein, nur gehört Nietzsche zu den wenigen Denkern, welche diesen grundlegenden Tatbestand konsequent philosophisch zu verarbeiten und auszuwerten vermochten.

Da der Mensch also Teil der Natur ist, muss sich notwendig in diesem Teil das „Ganze" spiegeln (so schon u. a. Heraklit und Schopenhauer), muss die Erkenntnis des Wesens des Menschen konsequent zur Erkenntnis des Wesens der Welt führen. D. h. schlechthin alles am Menschen, „alles Hohe und Niedrige", gehört notwendig zum Wesen der Natur. Gleich Schopenhauer ist Nietzsche der Überzeugung, dass die Welt von außen betrachtet nur ‚Vorstellung' ist, dass von diesem „Außen" und der damit verbundenen Relativität, dem Perspektivismus der sinnlich-geistigen Betrachtung bzw. „Aneignung" der Dinge, wie Nietzsche wörtlich sagt, kein Weg zur „wahren Wirklichkeit", zum „Wesen" der Welt führt. Allein über das eigene Selbst ergibt sich die Möglichkeit eines Zugangs zur „realen Welt", gesetzt, diese „Ergründung" des eigenen Innern wird tatsächlich bis zum Äußersten vorgetrieben. Nur wer es vermöchte, den „Grund" seines Selbst zu erreichen, hätte in diesem „Grund" einen Spiegel für den „Welten-Grund". Damit mündet die scheinbar äußerste Subjektivität, die Erforschung des eigenen Ich, in eine Entschleierung des Wesens der Welt.

Allerdings dürfen die gewichtigen Unterschiede zwischen Schopenhauer und Nietzsche in diesem Punkt nicht übersehen werden: Dass durch die Aufdeckung des Grundes im eigenen Ich das „An-sich" der Welt gleichsam zum Selbstbewusstsein komme, wie Schopenhauer meint, ist ein Gedanke, der so von Nietzsche gerade schroff abgelehnt wird. Nietzsche bedient sich viel mehr des „Kunstgriffs" der schöpferischen Analogie, des Analogie-Denkens, ausgehend von der Betrachtung des eigenen Selbst, in dessen Eigenarten und Gesetzmäßigkeiten sich das Ganze verkürzt widerspiegele und dergestalt als eine Art „Erinnerung" blitzartig bewusst zu werden vermag.

Hier sei zunächst eine Aussage des Philosophen Simon Kraus zur Erkenntnistheorie gebracht, deren enger Zusammenhang mit den zitierten Aphorismen Nietzsches, aber auch mit der Meinung Schopenhauers, kaum gesondert betont zu werden braucht:

„Der Mensch ist Teil der Schöpfung, und weil dies so ist, müßen in ihm auch alle Gesetze der Schöpfung wirksam werden, alle Geheimniße der Schöpfung in ihm auffindbar sein. Dies gilt für alle Teile der Schöpfung, aber im Menschen, als dem Wesen, das sich durch Bewußtheit von allen anderen Wesen unterscheidet, muß dieses Geheimnis der Schöpfung, das Gesetz des Weltalls, in seine Wachheit treten. Dies allein können wir als Wahrheit bezeichnen." [11]

„Wahrheit" wird also von Kraus definiert als das Bewusstwerden der Gesetze des Weltalls im erkennenden Subjekt, in welchem sich als einem Teil des Ganzen *alle* Geheimnisse und Gesetze eben dieses Ganzen widerspiegeln müssen. D. h. auch nach Kraus hat der Mensch nur durch sich selbst, durch sein Ich-Bewusstsein, Zugang zum Wesen der Welt, zu ihren Gesetzmäßigkeiten und geheimen Ordnungen. Demgegenüber scheint die systematisch-wissenschaftliche Erforschung der Sinnenwelt, wiewohl wichtig, nur von sekundärer Bedeutung zu sein, da auf diese Weise die Welt „als Erscheinung" (so auch Schopenhauer) nicht überwunden wer-

44

den kann.

Noch ein Wort zum Begriff der „Subjektivität". Man hat Nietzsche nicht selten gerade diese Subjektivität und eine gewisse damit verbundene Willkür vorgeworfen. Dabei wurde stets jene entscheidende erkenntnistheoretische Prämisse von der Selbsterkenntnis als Mittel zur Welterkenntnis außer acht gelassen; „Wissenschaft" als das Bemühen um „objektive" und systematische Ordnung der Erkenntnis der Sinnenwelt führt so gesehen weniger über die Subjektivität der Welterfahrung hinaus als das philosophische Bemühen, gleichsam Schächte zu bohren in die Tiefen des eigenen Selbst.

Dies bedarf einer näheren Darstellung, gehört es doch zu den subtilsten und schwierigsten Elementen der Nietzscheschen Erkenntnislehre.

2.4

Die bisherigen Aussagen Nietzsches zum Problem der Naturerkenntnis müssen nunmehr ergänzt und vertieft werden durch die Einarbeitung einer neuen Kategorie: die Kategorie der „Rückerinnerung" (Anamnesis). In der Philosophie Platons spielt diese Anamnesis eine zentrale Rolle: Rückerinnerung meint hier ein Wiederbewusstwerden, die Erinnerung an die vorgeburtliche Schau der Ideenwelt. Walther Kranz schreibt dazu in seinem Buch über griechische Philosophie:

> „Alles ‚Lernen' ist nach dieser Auffassung Platons im Grunde, ‚Wiedererinnerung', Wiederbewußtwerden von etwas, was in unserem Geiste schon vorhanden war."

Anamnesis – so Kranz – sei

„ein Sichbesinnen auf die Urgründe der eigenen Seele". [12]

Nicht nur das Lernen, auch jede Erkenntnis der Dinge ist nach Platon Rückerinnerung: die Seele erinnert sich an die einst selbst geschauten Urbilder, die Ideen des Seins. So schlummert dieses „Wissen" um die Ideenwelt in der Seele eines jeden Menschen, wenn auch die wenigsten die Kraft aufbringen, die Täuschungen der Sinnenwelt zu überwinden, um sich auf diese Weise zu den ewigen Ordnungen und Gesetzen der Natur durchzuringen. Dass Nietzsche diese Auffassung Platons aufs Entschiedenste ablehnt, ergibt sich aus seiner Philosophie des kosmischen, des „absoluten" Werdens, innerhalb derer jedwedes „Sein" zur bloßen Fiktion erklärt wird. Und die Ideenwelt im Sinne Platons ist ja gerade die unveränderlich „seiende" „wahre Wirklichkeit" der Dinge, im Vergleich zu welcher das Werden und Vergehen der Sinnenwelt zum bloßen Schein degradiert wird.

Dennoch lassen sich merkwürdige Parallelen aufzeigen zwischen Platon und Nietzsche. Um diese herausarbeiten zu können, sei an dieser Stelle zunächst die Meinung zweier anderer Denker zum Komplex „Anamnesis" wiedergegeben, die gleichsam in der Mitte stehen zwischen Platon und Nietzsche: Schelling und Goethe (soweit er Naturphilosoph ist).

Den Hinweis auf Schelling verdanke ich dem Nietzsche-Buch von Karl Löwith; so sei die betreffende Passage seines Buches hier auszugsweise zitiert:

„Schelling, mit dem sich Nietzsche nie befaßt hat und dessen Wirksamkeit ihn nur in der abgeleiteten Gestalt von Schopenhauers Metaphysik des Willens und E. von Hartmanns Philosophie des Unbewußten erreicht hat, ist der einzige Denker des deutschen Idealismus, der – trotz seiner theogonischen Konstruktionen – zu Nietzsches Lehre vom ewigen Kreislauf ein positives Verhältnis hat. ‚Das Lebendige der höchsten Wissenschaft', heißt es in der Einleitung zu den ‚Weltaltern', könne nur das ‚Urlebendige' sein, das urzeitliche Wesen, dem kein anderes vorausgeht und das nichts anderes außer ihm hat und welches sich folglich rein aus sich selbst, aus eigenstem Antrieb und Wollen, entwickeln muß. Dieses Urlebendige und Älteste, dieser ‚Abgrund von Vergangenheit', der stets gegenwärtig bleibt und alles einmal Gewordene überdauert, kann gewußt und wie eine Urgeschichte erzählt werden, weil der Mensch aus derselben Quelle stammt und eine ursprüngliche, wenngleich verdunkelte und vergeßene Mitwissenschaft mit der Schöpfung hat. Dieses Älteste und Bleibende ist die ‚Natur im vollkommensten Verstande des Wortes', wie auch der Mensch, der Freiheit unbeschadet, eine Natur ist. Der geheime Verkehr zwischen dem unbewußt wissenden ‚Gemüt' des Menschen und dem Wissenschaft wollenden Geist, der die Antwort auf seine Fragen von jenem Zeugen des Gewesenen und Wesentlichen empfängt, worin das Wissen auf verborgene und unentwickelte Weise ursprünglich enthalten ist, dieses stille Zwiegespräch zwischen dem wissenwollenden Geist und dem unbewußt wissenden Gemüt ist nach Schelling das eigentliche Geheimnis des Philosophen, der *ein höchstes und tiefstes Wissen um die ursprüngliche Natur aller Dinge sucht. In diesem Zwiegespräch – mit Nietzsche gesagt: von ‚Leben' und ‚Weisheit' – kommt die Natur im Menschen zur Aussprechlichkeit, Selbstunterscheidung und Verständlichkeit. ... Denn die Natur alles Geschehens ist in allem Lebendigen immer ein und dieselbe und wer die Geschichte des eigenen Lebens von Grund aus erzählen könnte, hätte damit auch die Geschichte des Weltalls in einem Inbegriff zusammengefaßt. Die meisten Menschen wenden sich aber von den Verborgenheiten des eigenen Innern ebenso ab, wie von den Abgründen des großen Lebens ...*" [13]

Wiewohl in dieser Paraphrasierung Schellingscher Gedanken durch Karl Löwith das Wort „Erinnerung" selbst nicht auftaucht, legt die besondere Art des denkerischen Ansatzes die Ergänzung durch diesen Begriff nahe; zumal davon gesprochen wird, der Mensch habe eine „vergessene Mitwissenschaft mit der Schöpfung", womit ja indirekt ausgesagt ist, dieses „Vergessene" könne mittels der Erinnerung wieder bewusst werden.

Der Mensch ist also nach Schelling ein unbewusst Wissender, der die letzten Geheimnisse und Urgründe der Schöpfung in seinem eigenen Innern trägt, verborgen hält. Wobei es die Aufgabe des Philosophen ist, dieses im Innern ruhende Wissen um die Geheimnisse der Schöpfung dem „wissenwollenden Geist" zu übermitteln. Und dies ist letztlich nichts anderes als Anamnesis, als Rückerinnerung, ein Sich-Besinnen auf den Grund der eigenen Seele. Der Mensch stammt nach Schelling aus demselben „Ur-Wollen" wie die gesamte übrige Natur, er trägt diesen Ursprung allen Seins in seinem Innern, ja das eigene Innere kann als eine Art „Zeuge" bezeichnet werden: als ein „Zeuge des Gewesenen und Wesentlichen", des Entstehungs- und Schöpfungsvorgangs der Dinge.

Echte philosophische Erkenntnis – und darin stimmt Schelling bei aller Andersartigkeit seines Denkens mit Platon überein – ist im Letzten Anamnesis, Erinnerung der Seele an ihren eigenen urzeitlichen Ursprung, der als solcher „gewusst und wie eine Urgeschichte erzählt werden kann".

Ganz ähnlich äußert sich Goethe in dem berühmten Gespräch mit Johannes Falk am Begräbnistag Wielands:

Das menschliche Genie entdecke die Gesetzestafeln über die Entstehung des Weltalls nicht durch trockene Anstrengung (also durch wissenschaftlich-empirische Forschung), vielmehr durch einen ins Dunkel fallenden Blitz der Erinnerung, weil es bei deren Abfassung selbst zugegen war.

2.5

Im 20. Aphorismus aus „Jenseits von Gut und Böse" heißt es:

„Daß die einzelnen philosophischen Begriffe nichts Beliebiges, nichts Für-sich-Wachsendes sind, sondern in Beziehung und Verwandtschaft zueinander emporwachsen, daß sie, so plötzlich und willkürlich sie auch in der Geschichte des Denkens anscheinend heraustreten, doch ebensogut einem System angehören, als die sämtlichen Glieder der Fauna eines Erdteils: das ver-

rät sich zuletzt noch darin, wie sicher die verschiedensten Philosophen ein gewißes Grundschema von möglichen Philosophien immer wieder ausfüllen. Unter einem unsichtbaren Banne laufen sie immer von neuem noch einmal dieselbe Kreisbahn: sie mögen sich noch so unabhängig voneinander mit ihrem kritischen oder systematischen Willen fühlen: irgend etwas in ihnen führt sie, irgend etwas treibt sie in bestimmter Ordnung hintereinander her, eben jene eingeborene Systematik und Verwandtschaft der Begriffe. Ihr Denken ist in der Tat viel weniger ein Entdecken als ein Wiedererkennen, Wiedererinnern, eine Rück- und Heimkehr in einen fernen uralten Gesamt-Haushalt der Seele, aus dem jene Begriffe einstmals herausgewachsen sind: – Philosophieren ist insofern eine Art von Atavismus höchsten Ranges."

(KTA 7, S. 27/28)

Der Kern dieses Aphorismus ist die Aussage, philosophisches Denken echter Prägung sei im Letzten Rückerinnerung, Anamnesis, wenn auch nicht im Sinne Platons. Was der Philosoph zu entdecken, also neu zu entdecken meint, ist nach Nietzsche wesensmäßig ein bloßes „Wiedererkennen, Wiedererinnern", eine unbewusste „Rück- und Heimkehr in einen fernen uralten Gesamt-Haushalt der Seele". So kann auch das scheinbar originale Denken diesem Ursprung allen Denkens nicht entfliehen, ist notwendig in ihn eingebettet, an ihn gebunden.

Diese Aussage wirkt zunächst wie eine bloße Behauptung, deren beweiskräftige Fundierung nicht geleistet wird. Hier muss noch einmal betont werden,

50

dass Nietzsche bei aller oft nicht genügend gewürdigten Exaktheit und Klarheit seines Denkens dennoch alles andere als ein systematischer Denker war; man kennt seine schroffe Ablehnung jedweden „Systems". So bleibt es die mitunter recht schwierige Aufgabe des Interpreten, den geheimen Fluchtpunkt des scheinbar so widersprüchlichen aphoristischen Philosophierens bei Nietzsche aufzudecken; wobei eine gewisse Viel- und Mehrdeutigkeit manches Aphorismus – je nach Betrachtungsart und Fragestellung – gerade zu den nicht geringsten Reizen der Beschäftigung mit Nietzsche gehört.

Der 54. Aphorismus der „Fröhlichen Wissenschaft" beginnt mit folgenden Sätzen:

> *„Wie wundervoll und neu und zugleich wie schauerlich und ironisch fühle ich mich mit meiner Erkenntnis zum gesamten Dasein gestellt! Ich habe für mich entdeckt, daß die alte Mensch- und Tierheit, ja die gesamte Urzeit und Vergangenheit alles empfindenden Seins in mir fort dichtet, fortliebt, forthaßt, fortschließt, – ich bin plötzlich mitten in diesem Traum erwacht, aber nur zum Bewußtsein, daß ich eben träume und daß ich weiterträumen muß, um nicht zugrundezugehen: wie der Nachtwandler weiterträumen muß, um nicht hinabzustürzen."*

(KTA 5, S. 77)

Was Nietzsche hier für sich selbst entdeckt zu haben meint (er hebt dieses Verbum noch besonders hervor), wäre seiner eigenen Aussage aus „Jenseits von Gut und Böse" nach im Grunde nur „ein Wiedererkennen, Wiedererinnern", also Anamnesis! Der Aphorismus aus der „Fröhlichen Wissenschaft" weitet den Gedanken aus „Jenseits" über den Rückerinnerungs-Charakter philosophischen Denkens erheblich aus: War in „Jenseits" nur die Rede von dem unbewussten Wiedererinnern des der gesamten Menschheit gemeinsamen Ursprungs, so spricht Nietzsche im zweiten Aphorismus von der „gesamten Urzeit und Vergangenheit alles empfindenden Seins", kommt also insofern der Auffassung Goethes und Schellings schon erheblich näher.

So wird sich der Philosoph dessen bewusst, was im Grunde für jeden Menschen gilt, – dass er nämlich ein notwendiges Glied ist innerhalb der großen Kette des kosmischen Werdens, dass in ihm das allem Sein und Werden zugrunde liegende urzeitliche, urgeschichtliche Wollen (Schelling) weiterwirkt, dass er dieses Ur-Wollen in seinem eigenen Innern trägt, dass er unbewusst und ungewollt „am ganzen kosmischen Wesen" mitwirkt, wie Nietzsche einmal schreibt. Ein dritter Aphorismus sei hier zitiert, welcher die beiden obigen zu ergänzen vermag:

„Es läßt sich eine vollkommene Analogie führen zwischen dem Vereinfachen und Zusammendrängen zahlloser Erfahrungen auf Generalsätze und dem Werden der Samenzelle, welche die ganze Vergangenheit verkürzt in sich trägt: und ebenso zwischen dem künstlerischen Herausbilden aus zeugenden Grundgedanken bis zum ‚System' und dem Werden des Organismus als einem Aus- und Fortdenken, als einer Rückerinnerung des ganzen vorherigen Lebens, der Rückvergegenwärtigung, Verleiblichung." [14]　　　　(KGW VIII 1, S. 137)

In diesem Zitat ist das von mir bereits angedeutete Denk-Prinzip schöpferischer Analogie in klarer Form dargestellt und begründet. Nietzsche ist also der Auffassung, dass jedwedes organische Werden ein „Aus- und Fortdenken" darstellt und damit eine „Rückerinnerung des gesamten vorherigen Lebens", eine Anamnesis der „gesamten Urzeit und Vergangenheit alles empfindenden Seins", wie es in dem Aphorismus aus der „Fröhlichen Wissenschaft" heißt. Organische Gestalten-Formung ist immer und überall ein rückerinnerndes, gleichsam unbewusst-träumerisches Weiterdenken, ein permanentes Sich-Erinnern an den ‚Ursprung'. Letztlich haben nach Nietzsche alle formenden, bildenden Kräfte im Kosmos ihrem Wesen nach Erinnerungs-Charakter; – dies ergibt sich bereits aus der Lehre von der „Ewigen Wiederkunft".

Wenn alles schon einmal dagewesen ist, dann gibt es tatsächlich „nichts Neues unter der Sonne" bzw. im All, dann ist jede neu entstehende Form in gewisser Hinsicht eine Art Rückerinnerung an den Ausgangspunkt der kosmischen Kreislaufbahn. Läuft dies meist träumerisch-unbewusst ab, so gibt es Augenblicke im Leben, in denen sich das erkennende Subjekt, gleichsam „aufwachend", dieses „Rings des Seins" (Zarathustra) mit allen sich daraus ergebenden Folgen bewusst zu werden vermag. Dies vollzieht sich nach Nietzsche in Form eines blitzartigen Sich-Erinnerns, wobei der sich dergestalt Erinnernde für einen „zeitlich-überzeitlichen" Moment das empirisch-rationale Bewusstsein mit seinen Erkenntnisschranken zu durchbrechen vermag. Nietzsches berühmte Schilderung im „Ecce homo" über den „ersten Blitz des Zarathustra-Gedankens", des Gedankens der Ewigen Wiederkehr, mag hierfür repräsentativ stehen. (KTA 8, S. 377) Auch die Hinweise über die Inspiration zum „Zarathustra" gehören in diesen Gedankenzusammenhang. (a.a.O. S. 375)

2.6

Nietzsche ist der Auffassung, alles schöpferische Wirken des Menschen als eines notwendigen Teils im kosmischen Werden sei als ein Analogon zu betrachten zum schöpferischen Hervorbringen der Natur: Beides beruhe auf dem Prinzip der Rückerinnerung, sei demnach ein „Fortschließen", „Fortdichten".

Denkerische, schöpferisch-bildende Vorgänge sind demnach streng gebunden an die Bahnen, welche ihnen durch die bisherige Vergangenheit des kosmischen Werdens vorgegeben sind. Der von Nietzsche hervorgehobene „Parallelismus" zwischen dem organischen Werden und dem künstlerischen Wirken aus „zeugenden Grundgedanken" ist eine Prämisse, wenn man will: auch eine Art Arbeitshypothese, deren Ausgangspunkt durch einen Analogieschluss gegeben ist. Erklärbar dadurch, dass beide Arten des Werdens bzw. Wirkens (Natur und Mensch) Ausdrucks- und Erscheinungsformen des dem gesamten Kosmos zugrunde liegenden Willens zur Macht sind.

Die Berührung mit Schellings Gedanken vom ursprünglichen, urgeschichtlichen Wollen ist an dieser Stelle besonders eindrucksvoll, – dies um so mehr, als Nietzsche nachweislich Schellings „Weltalter" gar nicht gekannt hat.

2.7

Ein wesentlicher Aspekt des Analogie-Prinzips im Denken Nietzsches ist bereits deutlich geworden: die Wesens-Einheit von denkerischem wie künstlerischem Wirken als Ausdrucksform des schöpferischen Willens zur Macht und den gestaltenden Kräften im Kosmos. Vielleicht am klarsten ist dieser Gedanke in dem folgenden Aphorismus aus dem Nachlass formuliert:

> *„Der siegreiche Begriff ‚Kraft‘, mit dem unsere Physiker Gott und die Welt geschaffen haben, bedarf noch einer Ergänzung: es muß ihm ein innerer Wille zugesprochen werden, welchen ich bezeichne als Willen zur Macht, d. h. als unersättliches Verlangen nach Bezeigung der Macht; oder Verwendung, Ausübung der Macht, als schöpferischen Trieb usw. Die Physiker werden die ‚Wirkung in die Ferne‘ aus ihren Prinzipien nicht los; ebenso wenig eine abstoßende Kraft (oder anziehende). Es hilft nichts: man muß alle Bewegungen, alle ‚Erscheinungen‘, alle ‚Gesetze‘ nur als Symptome eines innerlichen Geschehens faßen und sich der Analogie des Menschen zu diesem Ende bedienen.“*

(WM, KTA 9, S. 421)[15]

Um diesen Aphorismus einordnen zu können, muss der Gedanke Nietzsches herangezogen werden, welcher die Relation von Ich und Welt zum Gegenstand hat: Nietzsche geht grundsätzlich davon aus, dass der Mensch, weil er selbst „zum Charakter der Welt" gehört (siehe 2.3), auch einen Zugang zu ihr hat, dass sich in ihm letztlich nur die Strukturen der Welt widerspiegeln. Von dort her ist es konsequent, wenn nun der Mensch sich selbst als Erkenntnisquelle benutzt (siehe 2.1), wenn er bestrebt ist, das in der Tiefe seines Innern ruhende „Wissen" ins bewusste Erkennen zu überführen (Schelling).

Dass dies alles andere als „Subjektivismus" ist, habe ich bereits deutlich zu machen versucht. Im Gegenteil: was sich in oberflächlicher Betrachtung so ausnimmt, ist nur der großartige philosophische Versuch, das Schöpferische im Menschen wiederzugewinnen, den Menschen aus dogmatischen Versteinerungen zu befreien, seine Selbstentfremdung aufzuheben.

Hier ließen sich bis dato wenig gewürdigte Berührungspunkte aufzeigen mit den naturphilosophisch-anthropologischen Bemühungen von Novalis.

Im „Ecce homo" findet sich ein Satz, der unmittelbar mit dem oben zitierten Aphorismus zum Prinzip der Analogie zusammenhängt:

> „ – ich machte aus meinem Willen zur Gesundheit, zum *Leben*, meine Philosophie ....".
>
> (KTA 8, S. 302)

Auch diese Aussage könnte zunächst geradezu als Paradigma angesehen werden für einen extremen Subjektivismus. Was hat, so könnte man fragen, eine derartige Philosophie für einen „objektiven" Erkenntniswert, – eine Philosophie, welche sich offen zu verstehen gibt als das Produkt eines subjektiven Willens zur Gesundheit, zum Leben?

Obwohl aus dem bisher Gesagten bereits deutlich geworden sein dürfte, warum dieser häufig vorgetragene Vorwurf des Subjektivismus nicht den Kern des Nietzscheschen Denkens trifft (ungeachtet seiner partiellen Richtigkeit), soll in diesem Zusammenhang etwas weiter ausgeholt werden. Ich möchte gleichsam versuchen, den Erkenntnisprozess Nietzsches „nachzukonstruieren", welcher den Ansatzpunkt seines Analogie-Denkens darstellt. Dabei sei gleich an dieser Stelle ein gewisser Vorbehalt gemacht, als ich mir des Umstands bewusst bin, dass das Nachstehende das Ergebnis einer – vielleicht unzulässigen – Vereinfachung ist.

2.8

Der Mensch Friedrich Nietzsche macht die zunächst rein subjektive Erfahrung, dass sein individueller Werdegang von permanenten Selbstüberwindungen gekennzeichnet ist: Um einen Schritt voranzukommen, war es stets nötig, ein Stück eigenes Selbst zu überwinden, von sich abzustreifen, einen gleichsam stagnierenden, verharrenden, dem „Seienden" zugeneigten Teil des Ich. Selbstüberwindung bezeichnet Nietzsche einmal als seine „stärkste Eigenschaft".

> *„Aber ich habe sie auch am meisten nötig, – ich bin immer am Abgrunde."* (KTA 10, S. 354)

Nietzsche macht also an sich selbst die Beobachtung, dass es zu den Grundbedingungen seines schöpferischen Werdegangs gehört, stets erneut und oft schmerzlich jene Elemente seines Selbst überwindend von sich abzustoßen, welche zu „verharren" bestrebt sind.

Er beobachtet: dass er einen ständigen Kampf führt gegen die Bleigewichte der Krankheit, der décadence, des Nihilismus. Er beobachtet: dass alles schöpferisch Lebendige sich weniger „harmonisch-organisch" entwickelte, als vielmehr selbstüberwindend erkämpft werden musste.

Er beobachtet: das Prinzip der „Steigerung" als den Motor dieses Werdens, eng gekoppelt an das Prinzip der „Polarität" (Goethe). Ein „Wille zur Steigerung" reißt ihn voran, Werden des Ich wird zu einem rhythmisch-schubhaften Prozess.

Er beobachtet in sich selbst einen Widerstreit zwischen zwei einander entgegengesetzten Willensströmungen: dem „Willen zum Nichts" und dem „Willen zum Leben". So wird schöpferisches Werden, intensiv an sich selbst erlebt, zum Kampf zweier diametral entgegengesetzter Willensimpulse.

Er beobachtet: Letztlich geht es um „Macht". Macht als schöpferische Steigerung.

Er beobachtet in sich selbst einen unbändigen Willen zur Macht, einen Willen zur Steigerung, zur Überwindung aller starren, verkrusteten Formen im eigenen Selbst. Schöpferisches Werden wird so in der philosophischen Selbst-Beobachtung zum kämpferischen Machtwillen. Da dieser zukunftsgerichtet ist, wird der Wille zur Macht zum „Willen zur Zukunft" (Löwith, a.a.O. S. 125), zum Willen zur schöpferischen Gestaltung der Zukunft.

So kämpft nunmehr unter dem selbstanalytischen Blick ein Prinzip der Stagnation, ein nihilistischer Wille zur Macht gegen die lebendige Flut des schöpferischen Werdens, deren Wesen kämpferische Selbstüberwindung und Steigerung ist.

Der Philosoph Nietzsche schließt nun: Ich bin Teil des Ganzen, Teil der Welt; was ich in mir so lebendig-intensiv beobachte, muss analog auch für das Werden schlechthin gelten: Auch das Werden in Natur und Kosmos muss dem Prinzip der Steigerung und der Polarität, muss dem Prinzip des Kampfes und der Überwindung unterworfen sein. Schon Heraklit hatte den Kampf zum kosmischen Prinzip erhoben.

Natur – so schließt Nietzsche weiter – schafft offenkundig ihre Formen und Gestalten durch fortwährende Überwindung, durch schöpferische Transzendierung der alten Formen. Auch die Wesen der Natur schaffen stets etwas über sich hinaus, ja der „Wille zum Darüber-Hinaus", d. h. zur Steigerung, ist eben der schöpferische Wille zur Macht.

Dieser Nachvollzug des Nietzscheschen Analogiedenkens mag sich konstruiert ausnehmen, erscheint mir aber, bei allem Vorbehalt, folgerichtig ableitbar aus der Gesamtheit der philosophischen Aussagen. Selten hat ein Denker so kühn und gleichzeitig so konsequent, ausgehend von der Prämisse der Wesenseinheit von Einzelmensch und Naturganzem, den „Zauberstab der Analogie" (Novalis) zu handhaben gewusst.

Zu den Kernpunkten von Nietzsches Menschenbild gehört der Gedanke, dass der Mensch wesensmäßig ein Werdender ist,

„ein gefährliches Hinüber, ein gefährliches Auf-dem-Wege"

(Zarathustra, KTA 6, S. 11),

59

also nichts Feststehendes, Starres, Unwandelbares, kein Endresultat einer mit ihm zum Abschluss gekommenen Evolution. Auch der Mensch in seiner derzeitigen Form, dem etwas grundsätzlich Verfehltes anhaftet (so die Meinung Nietzsches), muss überwunden werden. Schöpferische Selbstüberwindung des Menschen als Ziel; der bisherige Mensch ist nur

> *„ein Embryo des Menschen der Zukunft".*
>
> (KTA 9, S. 464)

Ein Letztes zum Prinzip der Analogie.
Im 36. Aphorismus aus „Jenseits von Gut und Böse" finden sich folgende Sätze:

> *„Gesetzt, daß nichts anderes real ‚gegeben' ist als unsre Welt der Begierden und Leidenschaften, daß wir zu keiner andern ‚Realität' hinab oder hinauf können als gerade zur Realität unsrer Triebe – denn Denken ist nur das Verhalten der Triebe zueinander –: ist es nicht erlaubt, den Versuch zu machen und die Frage zu fragen, ob dies ‚Gegeben' nicht ausreicht, um aus seinesgleichen auch die sogenannte mechanistische (oder ‚materielle') Welt zu verstehn? ... genug, man muß die Hypothese wagen, ob nicht überall, wo ‚Wirkungen' anerkannt werden, Wille auf Wille wirkt — und ob nicht alles mechanische Geschehen, insofern eine Kraft darin tätig wird, eben Willenskraft, Willens-Wirkung ist."*
>
> (KTA 7, S. 47/48)

Diese Art der Argumentation Nietzsches lässt sich direkt auf Schopenhauer zurückführen, welcher in ganz ähnlicher Weise die Legitimität seiner Konzeption vom Willen in der Natur darzustellen versuchte. Dass Nietzsches „Wille zur Macht" erheblich umfänglicher ist als der Schopenhauersche „Wille zum Leben", wurde bereits erwähnt. Nach Nietzsche ist schlechthin alle wirkende Kraft in der Natur Wille zur Macht: die Gravitation genauso wie der organische Gestaltungsprozess.

Man könnte die Konzeption Nietzsches als eine fragwürdige Anthropomorphisierung der Natur und des Kosmos bezeichnen, darf aber dabei nicht aus den Augen verlieren, dass es sich hierbei um den in seiner Art grandiosen Versuch handelt, den Abgrund zwischen Natur und Geist zu überwinden (hierin Goethe und Novalis ähnlich), die Entfremdung des Menschen vom natürlichen Kosmos – seit Sokrates „weltgeschichtlich geworden" (Löwith, a.a.O. S. 120) – zu überwinden, die Natur zu vergeistigen und gleichzeitig den Menschen zu ‚naturalisieren'. So fließen Kosmologie und Anthropologie bei Nietzsche im Letzten in eins. –

Schlussbemerkung

Nietzsches Bemühungen waren notwendig zum Scheitern verurteilt, die Entfremdung des Menschen von Natur und Kosmos wie von seinem eigenen schöpferischen Wesen scheint allenthalben größer denn je.

Uns Heutigen, die wir in der Phase des faktischen Nihilismus leben, bleibt gleich Nietzsche die Hoffnung, die Vision von der Erde als einer „Stätte der Genesung" („Zarathustra"), die Verheißung vom „Großen Mittag".

Der Überwindung des Nihilismus gilt der Kampf in dieser geschichtlichen Stunde.

* * *

Zur weiteren Kenntnisnahme der Nietzsche-Rezeption von Jochen Kirchhoff empfiehlt sich das Video:

„Was wollte Nietzsche"
Gespräch von Gwendolin Kirchhoff mit Jochen Kirchhoff
veröffentlicht am 14.4.2019
auf dem Youtube-Kanal des Autors

Darüber hinaus liegt mit Jochen Kirchhoffs Schrift „Nietzsche, Hitler und die Deutschen" eine einzigartige Analyse der geistesgeschichtlichen Hintergründe des Nationasozialismus vor, die auch Einblicke in die ambivalenten Aspekte der Philosophie Friedrich Nietzsches gewähren und den großen Philosophen gegen ungerechtfertigte Kritik verteidigen. Das Werk ist in einer Neuausgabe in der **edition** *dionysos* im Jahr 2024 erschienen.

Anmerkungen

1 Dass alle bisherigen Nietzsche-Ausgaben hinsicht-
lich des Nachlasses problematisch sind, ist seit Langem bekannt und in den letzten Jahren durch die
Kritische Gesamtausgabe von G. Colli und M. Monti-
nari (KGW) erneut und verstärkt deutlich geworden.
Der Verfasser des vorliegenden Aufsatzes hat zunächst aus rein arbeitstechnischen Gründen primär
nach der KTA zitiert, zumal die meisten Registerbän-
de für die KGW noch nicht vorliegen. Wichtige Nach-
lass-Zitate, soweit sie für den Aufsatz Schlüsselfunktion haben, wurden mit dem Wortlaut der KGW ver-
glichen. Essentielle Änderungen in Hinsicht auf die
hier abgehandelte Thematik haben sich nicht ergeben. Lediglich an einer Stelle ergab sich eine Verän-
derung, über deren Stellenwert man diskutieren
könnte (vgl. Anm. 15). – Bei Zitaten aus der KGW
wurde die Rechtschreibung dem heutigen Standard
angepasst.

2 Beide gedanklich eng zusammengehörige Zitate
stehen auch zeitlich in engster Nachbarschaft (Früh-
jahr 1888), wie sich aus KGW VIII 3, S. 114 und S. 115
ergibt.

3 Müller-Lauters Nietzsche-Buch hat die Diskussion
über dieses Problem neu entfacht und zu den unter-
schiedlichsten Auslegungen Anlass gegeben. Der
vorliegende Aufsatz versteht sich nur am Rande als
ein eigener Beitrag zu dieser Kontroverse innerhalb
der jüngsten Nietzsche-Forschung, zumal er zunächst völlig unabhängig von Müller-Lauters Thesen
entstanden ist. – Vgl. W. Müller-Lauter, Nietzsche.
Seine Philosophie der Gegensätze und die Gegensätze
seiner Philosophie, Berlin – New York 1971.

4 Simon Kraus, Vom Regenbogen und vom Gesetz der Schöpfung. Bd. 1: Der Baustoff der Welt. Fürth/Erlangen 1970. (Ner Tamid Verlag.)

5 Werner Heisenberg, Das Naturbild der heutigen Physik. Hamburg 1955, S. 18.

6 Zitiert bei: Jean Gebser, Ursprung und Gegenwart. Neu erschienen bei dtv, München 1973, S. 509.

7 Oswald Spengler, Der Untergang des Abendlandes. Bd. 1, München 1919, S. 101.

8 Zitiert bei: Wilhelm Capelle, Die Vorsokratiker. Stuttgart 1963 (KTA 119), S. 148.

9 Arthur Schopenhauer, Die Welt als Wille und Vorstellung. Bd. 2, erschienen bei Reclam, Leipzig 1892, S. 226/227.

10 Auf die andersartige Auffassung Müller-Lauters, die er in Auseinandersetzung mit Heidegger entwickelt, kann hier nicht weiter eingegangen werden. Vgl. dazu Peter Köster, Die Problematik wissenschaftlicher Nietzsche-Interpretation (Nietzsche-Studien 2, 1973, 31 ff.), eine Untersuchung, die tendenziell meinem eigenen Interpretationsansatz entspricht.

11 Simon Kraus, a.a.O., S. 30.

12 Walther Kranz, Die griechische Philosophie. Leipzig 1941, S. 170 u. S. 171.

13 Karl Löwith, Nietzsches Philosophie der ewigen Wiederkehr des Gleichen. Stuttgart 1956 (2. Ausgabe), S. 151/152.

14 Ganz ähnlich heißt es in einem anderen Nachlass-Aphorismus: „Am Leitfaden des Leibes. – Gesetzt, dass die ‚Seele‘ ein anziehender und geheimnisvoller Gedanke war, von dem sich die Philosophen mit Recht nur widerstrebend getrennt haben – vielleicht ist Das, was sie nunmehr dagegen einzutauschen lernen, noch anziehender, noch geheimnisvoller. Der menschliche Leib, an dem die ganze fernste und nächste Vergangenheit alles organischen Werdens wieder lebendig und leibhaft wird, durch den hindurch, über den hinweg und hinaus ein ungeheurer, unhörbarer Strom zu fließen scheint: der Leib ist ein erstaunlicherer Gedanke als die alte ‚Seele1.“ (KTA 9, S. 440) Wenn Nietzsche hier von „Leib“ spricht, diesen geradezu mit dem „Selbst“ – in Abgrenzung zum bewußten „Ich“ – identifiziert [so im Zarathustra, KTA 6, S. 35), so darf dieser Begriff nicht im modernen, engen Sinne verstanden werden, etwa als bloße Physis im Rahmen des naiven Realismus und eines wie auch immer gearteten Materialismus.

Diese sehr subtile Problematik, also Nietzsches Ablehnung des herkömmlicher Seelenbegriffs zugunsten des „Leibes“ als des ‚eigentlichen“ „Selbst“, ist nicht unmittelbarer Gegenstand des vorliegenden Aufsatzes, obwohl die Erkenntnisproblematik hier vielfältig hineinspielt. So muss eine differenzierte Darstellung der „Leib-Problematik“ bei Nietzsche einer eigenen Arbeit Vorbehalten bleiben.

Der Angriff
auf das Zentrum
des Menschen

Gedanken zu einem
kaum beachteten Problem

Hat der Mensch ein Zentrum? Wenn ja, wie ließe es sich beschreiben? Oder woran ließe es sich festmachen? Diese Fragen sind keine intellektuellen oder „nur" philosophische Fragen, wie sie hier gemeinhin verstanden werden, sondern zutiefst existentielle Fragen, die „ans Eingemachte" gehen, weil sie notwendig mit Leben und Tod zu tun haben. Und das berührt auch die viel beschworene Würde des Menschen.

Anmaßung und Macht

Die Corona-Regime waren erkennbar bemüht, den Menschen in seiner Substanz mehr oder weniger auszulöschen und ihm direkt oder indirekt das Eigenlebendige abzusprechen. Wo sich so etwas wie eigenlebendiger Protest gegen die absurden Corona-Maßnahmen zeigte, wurde brutal zugefasst und eingegriffen von Seiten der Machthaber und ihrer Büttel. Und zwar von einer in der Regel grotesk angemaßten Ebene aus, die den Anspruch erhob, sich überlegen und umfassend kundig über das selbstlebendige Individuum zu stellen. Diese Ebene war bzw. ist die Wissenschaft in Allianz mit dem politischen Machtapparat. Dass dieser letztere die Wissenschaft auch dominieren und korrumpieren, ja zersetzen kann, ist bei Corona gleichsam holzschnittartig deutlich geworden, wie wir spätestens durch die Veröffentlichung der RKI-Protokolle wissen oder wissen könnten.

Ich-Wesen Mensch

Aber zunächst möchte ich einen Schritt zurückgehen.
Was ist denn nun das Zentrum des Menschen? Worin
wurzelt seine seelisch-geistige Substanz, seine Würde,
sozusagen sein Innerstes, von dem aus sich alles andere
ableiten ließe? Ich würde sagen: Diese zentrale Instanz
ist das geistig-kosmische ICH, hier bewusst in großen
Buchstaben gesetzt, das sich jedem direkten und damit
reduktionistischen Zugriff entzieht. Dieses ICH liegt jedem Ich-Bin zugrunde. Der Mensch ist erst einmal ein
Ich-Wesen. Er hat nicht nur ein oder das Ich-Bewusstsein, sondern er ist dieses Bewusstsein selbst. Dieses
Ich könnte man, wenn diese Formulierung erlaubt ist,
als das eigentliche, vielleicht einzig Metaphysische unserer Existenz bezeichnen. Das gilt für das kleine und
das große Ich. Aus diesem Zentrum heraus leben und
agieren wir. Im Denken, im Fühlen, im Träumen, überhaupt in der potentiell farbigen Fülle unserer Existenz,
wenn wir diese Existenz nicht bereits im ideologischen
Wahn und in der Trostlosigkeit des sogenannten Alltags
und seiner oft gnadenlosen Abläufe erstickt haben.

Die unhintergehbare Prämisse

Ich setze das Ich-Zentrum als ontologische Größe. Das
ist eine Prämisse, keine dogmatische Behauptung oder
„steile These". Ohne ein Set von Prämissen, die meist in

einer zentralen Grundannahme wurzeln, ist Denken fruchtlos, ja eigentlich unmöglich. Ich will mich jetzt nicht in die elendige und dumpfe Debatte über die sog. Willensfreiheit einlassen. Das ist nicht das eigentliche Thema dieses Essays, obwohl es implizit natürlich mitschwingt. Die eigenen Prämissen deutlich zu machen, dient der intellektuellen Redlichkeit. Viele sind dazu nicht in der Lage oder verschweigen das, was sie antreibt oder gar voranpeitscht. Wer das Ich, zu schweigen vom ICH, ohnehin für eine rein zerebrale Phantasmagorie hält, was viele Intellektuelle tun, wird den Angriff auf diese Phantasmagorie ohnehin leicht verschmerzen. Oder doch nicht? Das wäre zu fragen, weil der konkrete Lebensvollzug keineswegs mit der eigenen Ideologie übereinstimmen muss. Wer das Ich als Entität eigener oder gar metaphysischer Provenienz leugnet und damit für eine Illusion hält, kann trotzdem das eigene Ich-Zentrum für eine empirische Größe halten, von der man ungerne Abschied nimmt. Über den Tod wird häufig in leichtfertiger Art gesprochen; die Realität sieht meist ganz anders aus als die jeweils favorisierte „Meinung" oder Überzeugung.

Die Nicht-Ich-Profiteure

Die wissenschaftlichen Matadore der Nicht-Ich-Ideologen sind meist gesättigte Ich-Wesen, die gut davon leben und wissenschaftliche Meriten einfahren, indem sie sagen, es gäbe den Menschen und damit auch sie selbst gar nicht als eigenlebendige Entitäten. „Nicht existent im Sinne bürgerlicher Konvention ..." , wie es in einem berühmten Gedicht von Christian Morgenstern heißt.

Das Ich ist kein Es

Das Ich im Menschen lebt, pocht, atmet, leidet, liebt und agiert im Innen und im Außen. Was immer es ist, es ist kein Es. Kein Ding, auf das man mit dem Finger zeigen und das man als rein materiell begreifen könnte. Doch die Instanzen, die genau dies wollen, lauern nur darauf, diese Ich-Würde zu zertrümmern. „Es gibt Dich gar nicht", als Glaubenssatz und Postulat, ist die brutalste und zugleich dümmste Spielart des Angriffs auf das Ich. Noch dies: Es geht nicht um das berühmte Ego, die kleine, ja kleinste Ich-Manifestation, die der moderne oder postmoderne Mensch zum Fetisch erkoren hat und vor dem er tagtäglich seine Niederwerfungen macht in der herrschenden Intellektualkultur, die Natur und Weltall verstanden zu haben glaubt, obwohl zumeist nur Projektionen und mathematische Tagträume das Feld bestimmen. Wirklich gewusst wird bei Licht gesehen recht wenig.

Subjektblindheit

Die abstrakte Naturwissenschaft, spätestens seit Galilei, forscht und argumentiert subjektblind. Das lebendige Subjekt in seiner unerschöpflichen Vielfalt und Tiefe zählt hier nicht. Es wird schlicht eliminiert. Das zieht sich durch die Jahrhunderte hindurch und feiert immer neue Triumphe der Subjektblindheit, stets angefacht vom methodischen Nihilismus und Atheismus als der wohl wirkungsmächtigsten Prämisse.

Der Transhumanismus ist ohne diese lange Vorgeschichte nicht zu verstehen, die aber meist draußen vor bleibt, obwohl gerade hier wesentliche Einsichten zu gewinnen wären bzw. sind. Wissenschaftsgeschichte gilt meist als Disziplin niederen Ranges im Vergleich mit der eigentlichen Forschung an der Front der heißen Themen und Fragen. Das halte ich für einen fundamentalen Irrtum.

Modelle, Hypothesen, Fiktionen

Wissenschaft, um daran zu erinnern, lebt von abstrakten Modellen und Hypothesen, oft von puren Fiktionen. Die berühmte geradlinig-gleichförmige Bewegung der Newtonschen Himmelsmechanik ist eine solche, auch eingestandene, Fiktion. Neuzeitliche Naturwissenschaft war immer abstrakte Naturwissenschaft. Mit der lebendigen Erfahrungsrealität des je Einzelnen hatte sie nie etwas zu tun. Es ging nie um die sogenannte Lebenswelt. Diese gewinnt nur als skelettierte Größe wissenschaftlichen Rang. Insofern, um das kaum überspitzt zu sagen, gab es nie eine wirkliche Lebenswissenschaft. Um nochmal die Corona-Krise zu erwähnen: Hier wurde paradigmatisch vorgeführt, was Abstraktion und was lebendige Wirklichkeit ist. Die involvierten Wissenschaftler und Politiker orientierten sich mehrheitlich nicht an den lebendigen Menschen, diese wurden mehr oder weniger wie Objekte behandelt, sondern an Abstraktionen, zu denen primär die toten Zahlen gehören, die ganze Gesellschaften quasi in Haft nahmen. Wer aufbegehrte, hatte mit erheblichen Sanktionen zu rechnen. Die sich so klug und aufgeklärt dünkenden Intellektuellen gingen hier fast geschlossen in die Knie.

Der Angriff läuft

Der massive und langfristig tödliche Angriff an fast allen Fronten gilt seit Langem dem schöpferischen Individuum, dem Einzelnen in seiner genuinen, d. h. kosmisch-geistigen Ichhaftigkeit. Vorgetragen wurde und wird dieser Angriff vor allem von politischen und ideologischen Machtzentren, denen der schöpferische Atem in Gänze fehlt und die es darauf angelegt haben, den Menschen klein und unwissend zu halten, ihm die Flügel zu stutzen, ihn umfassend zu trivialisieren. Dabei kann rhetorisch durchaus das gerade Gegenteil behauptet werden.

Der „Megatechnische Pharao"

Dieser Angriff auf das Bewusstseinszentrum wird kaum in seiner vollen Tragweite erkannt, meistens eher heruntergespielt und verharmlost. Dafür gibt es gute Grunde.
Der Angriff lebt von seiner Verheißung, die die Intellektualkultur braucht, um ihre Dominanz und Deutungshoheit immer wieder neu zu bekunden und zu festigen.
Und dies geschieht im Dienst des großen technisch-abstrakten Molochs, den ich seit vielen Jahren den „Me-

gatechnischen Pharao" nenne und vor dem fast alle auf dem Bauch liegen, auch wenn sie sich dessen oft gar nicht bewusst sind und, darauf angesprochen, in massive Abwehr gehen, als wolle man ihnen eine Art Makel zuschreiben, der sie moralisch herabsetzt.

Der schöpferische Kraftquell

Wenn wir als wirkliche Menschen auf diesem Planeten überleben wollen, müssen wir an den schöpferischen Kraftquell unserer selbst anknüpfen bzw. diesen überhaupt erst einmal geistig erschließen. Viele halten den von mir knapp umrissenen Ansatz für eine idealistische oder gar phantastische und religiöse Vorstellung, die „die Moderne" längst hinter sich gelassen habe. Um solcherart „Rückschritt" geht es keineswegs. Im Gegenteil. Es geht um die lebendige Substanz, die den Menschen ausmacht und als Menschen überhaupt erst im eigentlichen Sinn konstituiert.

Was weiß denn „die Moderne" oder „Postmoderne" vom Menschen? Erschütternd wenig, wenn man ehrlich ist und nicht dogmatisch verblendet. Der Einzelne ist schon sich selbst ein abgründiges Rätsel, vor dem er hilflos steht. Das gilt auch für „die Welt", in die er hineingestellt ist. Von wem, warum, zu welchem Ziel, von welchem Ursprung aus? Sind wir sinnlos Heraufgewirbelte aus der kosmischen Nacht, die uns umfängt und durchdringt? Glauben wir das ernsthaft? Und: Wie ließe sich damit leben, es sei denn nach und mit der Maxime: Vorhang zu, wenn er nur Monster birgt.

Sind wir „kosmische Idioten"?

Und was ist denn „die Welt", der Kosmos, das Weltall in seiner abgründigen Nähe und abgründigen Ferne? Sind wir mehrheitlich, wie Sloterdijk sagt, „kosmische Idioten"? Das wäre ja möglich. Aber müsste es so sein? Wenn unsere Fernrohre in die Tiefe der Nacht eintauchen, wissen wir dann mehr, wer oder was wir sind? Kaum.

Der unerkannte Elefant

Weltbild und Menschenbild gehören eng zusammen, wie man mit nur geringem Denkaufwand begreifen könnte. Und genau da sitzt der unerkannte Elefant unseres technisch-wissenschaftlichen Seins, das sich nun anschickt, die sterbliche Hülle abzustoßen und vorzudringen in die sog. Künstliche Intelligenz und das transhumanistische Zauberland, das uns verheißungsvoll winkt und lockt.

Uns droht die Wirklichkeit abhanden zu kommen. Der große Biochemiker und Wissenschaftskritiker Erwin Chargaff sprach schon vor Jahrzehnten von dem epochalen „Verlust der Wirklichkeit", der uns alle ruiniert.

Metaphysische Revolution?

Der Angriff auf das Bewusstseinszentrum unserer selbst, auf den selbstlebendigen Menschen überhaupt,

75

läuft gnadenlos weiter. Nichts scheint ihn stoppen zu können.

Wo sind die seelisch-geistigen Bataillone, die ihn abwehren und niederzwingen können? Gibt es sie denn, oder ist das Ganze ein „Warten auf Godot" und damit eine traurige Farce? Ich jedenfalls habe den Menschen noch nicht aufgegeben. Ich glaube immer noch an sein unausgeschöpftes Potenzial. Nicht das der Zerstörung und des ideologischen Wahns. Da sind die Bewohner dieses Planeten fast unschlagbar. Aber sind die sogenannten Eliten dieser Erdlinge auch geistig-kosmisch in der Lage, in höchster Not ihre desaströse Situation zu erkennen und von dieser Erkenntnis aus gegenzusteuern, gleichsam im Sinne einer metaphysischen und kulturellen Revolution oder auch „nur" Utopie, die, so meine ich, noch immer möglich ist? Das wäre zu prüfen. –

Wir sind zugleich die Prüfer und die Geprüften. Das macht es schwierig. „Gleiches wird nur von Gleichem erkannt", heißt es bei dem altgriechischen Philosophen Empedokles. „Wir erkennen nur das, was wir sind", lautet ein anderer Weisheitssatz, der auch in der Philosophie des deutschen Idealismus auftaucht, dem nachzusinnen durchaus lohnt. Das führt auf die Frage, auf welcher kosmischen Weltbühne wir überhaupt leben und agieren, also jenseits des überschaubaren Radius, der meist unser Leben bestimmt.

Was weiß die Wissenschaft?

Was ist der Weltraum, was sind die Gestirne, was ist das Licht, was das höher geordnete Leben? Wie kommt die empirisch erfahrene Ruhe unseres irdischen Standortes zustande, trotz der rasenden Bewegung des uns tragenden Bodens? Usw. Gibt es gut fundierte wissenschaftliche Antworten auf diese Fragen? Nach meiner in Jahrzehnten gewachsenen Überzeugung würde ich sagen, dass es nur weitgehend spekulative und hypothetische Antworten auf diese Fragen gibt, obwohl allenthalben das Gegenteil behauptet wird. Gerade die letzte Frage, die die Physiker mit dem abstrakten „Relativitätsprinzip der klassischen Mechanik" zu erklären versuchen, wobei Ruhe und geradlinig-gleichförmige Bewegung gleichgesetzt werden, ist ein Rätsel geblieben, wie die kosmische Bewegung überhaupt, auch die der Erde. Was man „hat", sind mathematische Beschreibungen, die aber nichts erklären. Letztlich triumphiert ein flächendeckender Materialismus, der alles Lebendige negiert oder unterpflügt. Das gilt „weltweit" als Wissenschaft, die in hohem Ansehen steht. Dahinter wird, meist nur schemenhaft, die Fratze des „Megatechnischen Pharaos" erkennbar.

Der Sturz des Pharao

Wenn es nicht gelingt, diesen Pharao zu stürzen oder als abstraktes Gespenst zu entlarven, sind wir langfristig verloren. Und Gewalt und Krieg bleibt unser Los. Wichtig dabei ist: Dieser pharaonische Großgötze, der den Planeten beherrscht, lebt nicht. Er ist eine Schimäre. Wir aber leben auf einer lebendigen Erde in einem all-lebendigen Kosmos. Das gilt es endlich, endlich zu begreifen. Dann öffnet und weitet sich die kosmische und die innerseelische Wahrnehmung. Und wir beginnen zu verstehen, dass wir es immer gewusst haben ...

* * *

Wir müssen den Nihilismus überwinden

Jochen Kirchhoff & Ralf Hanselle
im Gespräch

Ralf Hanselle: Was soll man eigentlich noch hoffen in Anbetracht einer Welt voller Krisen? Der Glaube, dass die Menschheit immer freier, fortschrittlicher und offener wird, hat in den zurückliegenden Jahren immer mehr Risse bekommen. Woran also darf man festhalten, wenn allerorten Kriege, Katastrophen und Disruptionen das Leben erschüttern?

Der Berliner Philosoph Jochen Kirchhoff versucht, auf diese Fragen Antworten zu finden. Wider die Verführungen des Nihilismus und entgegen den Trends des positiven Denkens oder des Transhumanismus versucht Kirchhoff, den Menschen noch einmal in ein großes Ganzes einzuhängen. „Der Transhumanismus ist ein magischer Zauber, der uns in einen Irrsinn treibt und der unsere Menschenwürde vollkommen zerstört", so der 1944 geborene Philosoph und Autor im Gespräch mit Ralf Hanselle, dem stellvertretenden Chefredakteur von „Cicero". Doch wenn sich die großen Versprechungen der Gegenwart am Ende nicht erfüllen, worauf soll man dann noch seine Hoffnung gründen? Ein „Cicero"-Podcast „Gesellschaft" über die letzten großen Fragen.

„Die Menschen lassen sich täuschen, auch dadurch, durch die wunderbarste KI, die alles Mögliche machen kann, fantastische Übersetzungen usw. und Täuschungen bis zum Abwinken. Ja, aber es ist auch ein magischer Zauber, sage ich mal, der uns da in Bann hält,

der uns auch in einen Irrsinn treibt und uns unsere
Menschenwürde einfach vollkommen kaputt macht."

Sagt Jochen Kirchhoff.

Alles Hoffen zielt auf die Glückseligkeit. So hat es der Königsberger Philosoph Immanuel Kant einst in seiner „Kritik der reinen Vernunft" geschrieben. Und mal ehrlich: Wer wollte nicht glückselig sein? Was also dürfen, was sollten wir hoffen, gerade in einer Zeit, die politisch für so manch einen Zuhörer vielleicht wenig Grund zur Hoffnung gibt, die aber vom Jahreszyklus her gesehen kurz vor dem Fest der Hoffnung liegt. Es gibt also einige Gründe, über das Thema Hoffnung einmal intensiver nachzudenken. Ich habe mir heute dafür den Berliner Philosophen Jochen Kirchhoff eingeladen, um mit ihm darüber zu sprechen, was dieses merkwürdige Ding Hoffnung denn eigentlich genau ist. Kann man ohne Hoffnung leben? Und falls nein: Wo kann ich Hoffnung finden?

Jochen Kirchhoff, der in seinem eigenen philosophischen Positionen vielleicht einer der letzten spannenden Denker der Transzendenz ist, hat auf all diese Fragen immer wieder interessante Antworten gefunden. 1944 in Torgau geboren, hat der Autor einer einst maßgeblichen Giordano-Bruno-Biographie sowie von Biografien über Schelling und Kopernikus sich immer wieder mit dem Eingehängtsein des Menschen in die großen Zusammenhänge beschäftigt. Unter anderem in einer noch heute legendären Vorlesungsreihe an der Berliner Humboldt Universität, die der Philosoph damals auf Einladung von Rudolf Bahro gehalten hat. Bücher wie „Nietzsche, Hitler und die Deutschen" oder „Räume, Dimensionen, Weltmodelle. Impulse für eine andere Naturwissenschaft" haben Jochen Kirchhoff als einen Autor etabliert, der vorgefundene Wege verlässt und dort weiterforscht, wo sich andere mit Plattitüden zufriedengeben.

Mein Name ist Ralf Hanselle. Ich leite das Ressort „Salon" bei „Cicero" und ich freue mich darauf, mit Jochen Kirchhoff, dem ich mich auch privat verbunden fühle, so dass wir uns in unserem Gespräch auf das Du geeinigt haben, um also mit Jochen über das zu reden, was uns morgens aus dem Bett bringt und abends hoffentlich beruhigt schlafen lässt: über die Hoffnung. Herzlich Willkommen, Jochen Kirchhoff, zum „Cicero-Podcast Gesellschaft". Wir haben uns heute getroffen für ein Thema, was man vielleicht nicht unbedingt mit dem „Cicero" als Magazin für politische Kultur in Verbindung bringen würde. Aber doch ein Thema, glaube ich, was viele, die sich mit Politik beschäftigen oder einfach mit der Gegenwart auseinandersetzen, notgedrungen beschäftigt, nämlich das Thema Hoffnung.

Bevor wir da einen philosophischen Abriss oder einen historischen Parcours vielleicht mal über den Wandel des Begriffs Hoffnung und die Bedeutung des Begriffs Hoffnung machen, würde ich vielleicht gerne persönlich einsteigen. Du bist in diesem Jahr 80 Jahre alt geworden. Ich habe ein Zitat von Francis Bacon gelesen: „Hoffnung ist ein gutes Frühstück, aber ein schlechtes Abendbrot". Daher würde mich interessieren: Verändert sich die eigene Einstellung zum Thema Hoffnung über die Jahre?

Jochen Kirchhoff: Das verändert sich natürlich, das ist doch klar. Also dieses alt-Sein ist ja mit vielen Malaisen verbunden, mit Einschränkungen, aber auch natürlich mit Weitungen, die man vorher auch nicht gedacht hat. Es verändert sich natürlich, selbstverständlich. Aber es gibt ja bei mir, in meinem speziellen Falle, so eine Grundhaltung zur Welt überhaupt als Philosoph. Die hat sich im Prinzip nicht geändert, seit Jahrzehnten eigentlich nicht. Das heißt also, für mich ist Hoffnung kein leeres Wort, und es hat auch einen bestimmten [Sinn], hat eine Fundierung da drin. Aber wenn man 80 geworden ist, denkt man natürlich: Wie geht es weiter? Man denkt an den Tod. Ich bin ja nicht jemand, der den Tod für die Vernichtung hält, sondern es geht ja weiter. Usw. Also ich bin ja durchaus da nicht unbeleckt auf dem Gebiet, aber es ist eine heikle Zone, weil man dann natürlich [sich fragt]: Wie geht es weiter? Oder: Die Hoffnung, worauf bezieht sich das? Wenn ich zum Beispiel bestimmte Einschränkungen habe mit 80, die man ja hat – ist die Hoffnung dann, dass das alles mal wesentlich besser wird? Nicht unbedingt, weil die Chance ist relativ gering, dass es immer besser wird, sondern eher, dass es schlechter wird. Aber realistisch betrachtet kann man natürlich fragen: Wie [ist] es mit dem Tod? Wie geht es da weiter? Und: Wie stehst Du dazu? Hast Du Angst? Bist Du dann plötzlich der kleine, gekrümmte Wurm, wenn es ums Sterben geht? – Würde ich nicht sagen. Aber ich will ja keine großen Sprüche hier klopfen, sondern ich bin dann auch natürlich sehr vorsichtig. Aber es ist ein wirklicher Unterschied, das muss man ganz eindeutig sagen. Das ändert sich dann doch schon. Also bestimmte Einschränkungen, die kann man ja nicht wegleugnen und die beeinträchtigen einen natürlich auch so im Alltag. Das ist ja auch eine Alltagsgeschichte.

RH: Da war ja jetzt eigentlich auch ganz schön viel schon drin, wo wir vielleicht später noch mal drauf zurückkommen. Nämlich beispielsweise der Unterschied zwischen Hoffen und positivem Denken. Also wenn Du eben meinst, gewisse Krankheiten, die werden sehr wahrscheinlich eben auch nicht besser, und es wäre naiv, mit diesem ... , das war ja so in den 80er Jahren oder 90er Jahren mal ein Trend, dass man alles irgendwie positiv denkt, und dann wird das schon irgendwie ... Also da gibt es ja scheinbar einen Unterschied, da kommen wir vielleicht später noch mal drauf zurück.

Zunächst, wie gesagt, Du bist Philosoph. War die Entscheidung Philosoph [zu werden], sich mit Philosophie zu beschäftigen, Philosophie zu studieren, später auch an der Humboldt Universität Philosophie zu lehren: Hatte das was auch mit Hoffnung zu tun? Also es gibt ja bei Kant die berühmten vier Grundfragen. Und eine Frage heißt ja auch: Was darf ich hoffen?

JK: Das hat damit eigentlich wenig zu tun. Die Philosophie hat mich ganz früh interessiert, schon als 15-jähriger. Meine erste philosophische These war, wenn ich das kurz erwähnen darf, dass ist nur ein Aperçu am Rande: *Es ist ewig alles.* Kann man viel drüber nachdenken. Es ist ewig alles. Ja.

Nein, ich habe ein Grundinteresse an den Rätseln der Existenz seit Jahrzehnten und auch schon ganz früh gehabt, schon mit 17, 18, 19. Ganz stark. Und das ist für mich ein Elixier. Ein Lebenselixier. Fragen zu stellen, fundamentale Fragen zu stellen. Weil ich will wissen: Wo lebe ich? Wann lebe ich? Und was hat das Leben überhaupt für einen Sinn? Und was ist die Existenz? Diese Fragen beschäftigen mich kolossal, und ich habe alles gelesen, was man darüber eigentlich fast lesen kann. Und ich hatte auch einen philosophischen Mentor, der mir da geholfen hat. Ich bin dann immer noch dran an diesen Grundfragen, und einiges habe ich auch schon, sagen wir mal, erschlossen, habe auch viel darüber geschrieben und habe ja auch viel gesprochen darüber. Aber es bleibt immer natürlich noch ... die Grundfragen bleiben nach wie vor, und das ist für mich ein ... ein ... das ist, das *bin* ich selber. Ich kann da gar nicht davon absehen. Die Philosophie ist immer für mich da. Also die ist immer [da], oder ich für sie, oder wie auch immer. Es gibt die Grundfragen: Wer bin ich? Ganz einfach. Das ist für mich immer die zentrale Frage: Wer bin ich in dieser Welt, und in welcher Welt leben wir eigentlich überhaupt? Wie ist der Kosmos? Und so weiter. Das sind für mich die zentralen Fragen.

Und da versuche ich mich vorwärts zu tasten auch. Natürlich gibt es Glaubenssätze, die ich ... Ich behaupte ja nicht, dass ich das alles wüsste. Aber manches weiß ich oder habe ich erfahren. Und es gibt ganz gut fundierte Dinge, die ich auch dazu sagen kann und die [ich] auch in der Öffentlichkeit seit Jahrzehnten sage. Ja, also die Hoffnung spielt da schon eine gewisse Rolle, in dem Sinne, Hoffnung, werde ich immer mehr, sozusagen ... immer mehr da reinwachsen, und werde ich dann auch in irgendeiner Form eine andere Stufe noch erreichen? Also, sozusagen, mich fragen Menschen: Ja, Du hast doch so viel gemacht in deinem Leben. Bücher geschrieben und Vorträge und Universität und was nicht alles. Was ist denn jetzt noch? Du kannst [Dich] doch in eine Hängematte legen! Du kannst [es Dir] jetzt richtig gemütlich machen. Ja, kann ich machen – aber mache ich nicht, weil ich immer noch weiter sehe. Und das hat auch mit Hoffnung zu tun. Hoffnung auf – ich könnte jetzt mal ein bisschen großkarätig sagen, halb im Scherz, halb im Scherz: die Hoffnung auf die Erleuchtung, in dem Sinne, noch mehr zu erkennen und das, sozusagen, aber nicht nur einfach theoretisch zu erkennen, sondern *existenziell zu erfahren*, das ist für mich immer das Wichtigste. Das Denken als ein intellektuelles Kreisen ist für mich uninteressant, aber das Denken als eine existentielle Grunderfahrung ist für mich nicht uninteressant. Es interessiert mich immer. Und da ist immer die Frage: Wer bin ich letztlich? Was ist Geburt und Tod? Ja. –

RH: Ja, diese andere Frage, die Du erwähntest: Was ist die Welt? Die beschäftigt uns hier ja beim „Cicero" in gewisser Weise auch, wenn auch sicherlich nicht so phänomenologisch oder existenziell. Aber die Welt als Ort für politische Phänomene. Und wenn man sich die Welt momentan anschaut, dann kann man ja den Eindruck bekommen, es gibt, widerspricht mir, wenn Du es anders siehst, im Moment wenig Raum für Hoffnung eigentlich. Also wir leben, glaube ich, in einem neuen Ost-West-Konflikt. Andere, wie der Politologe Herfried Münkler, reden gerade von einer neuen Pentarchie. Also die Macht jedenfalls auf dem Globus, egal wie man es deutet, [es] verteilt sich irgendwo neu. Es gibt neue

Kriege, es gibt Pandemien, es gibt die ungelöste Klimafrage, also unzählige Probleme. Würdest Du sagen, in dieser Welt ist eigentlich so, wie sie sich momentan zeigt, weniger Raum für Hoffnung als beispielsweise in der Welt des 20. Jahrhunderts oder der zweiten Hälfte des 20. Jahrhunderts?

JK: Da ist man natürlich leicht versucht zu sagen: Ja, natürlich, wir leben in einer so furchtbaren Zeit, und der Dritte Weltkrieg könnte vor der Tür stehen. Wie kann man da überhaupt von Hoffnung reden? Das ist absurd.

Nun ist das ja aber doch dieses kleine Gestirn. Ich muss diesen Rahmen mal kurz hier aufmachen, und wir wissen noch nicht, wie letztlich das Ganze ausläuft. Das wissen wir alle nicht. Es kann passieren ... Und ich habe ... Ich werde immer wieder gefragt, wenn ich solche Dinge sage, das Wort Hoffnung benutze ich kaum, aber ich sage immer: Ja, es ist noch nicht aller Tage Abend. Wartet doch erst mal ab. – Ja, woher nimmst Du das? Woher weißt Du das? Ist doch alles furchtbar. Das sieht man doch. – Ja, aber ich habe eben die Hoffnung, dass die menschliche Existenz von einer höheren Warte aus noch anders eingebaut und angelegt ist. Und ich glaube nicht, dass die Menschheit auf diese Weise sich selbst zerstören wird. Ich glaube das eher nicht. Ich glaube, es wird im letzten Moment vielleicht noch einen Umschlag geben. Auf den hoffe ich, wenn man das dann doch einmal sagen darf, auf den hoffe ich. Und ich glaube auch, dass [das] vielleicht eine große, wie soll ich sagen, eine Prüfung ist oder etwas, wo wir durchgehen müssen. Also auch durch den ... , auch im Sinne von Nietzsche, durch den vollkommenen Nihilismus muss man durchgehen. Wir leben ja auch im Nihilismus, würde ich immer noch sagen. Und wie geht es weiter, dass man den Nihilismus überwinden kann und muss?!

RH: Würdest du, wenn ich da gerade, weil Du Nietzsche erwähnt hast, wenn ich da einhaken darf, würdest Du sagen, dass diese nihilistische Perspektive … Es gibt von Nietzsche diesen Satz, dass quasi die Hoffnung auf dem Grund der Büchse der Pandora, eigentlich die größte Qual von allen in der Pandora-Büchse gewesen ist, weil die eben die Illusion am Laufen hält, es gäbe irgendwann mal eine bessere Zukunft. Ist ein solches Modell überhaupt lebbar?

JK: Nein. Der totale Nihilismus ist nicht lebbar. Wenn Du Nietzsche erwähnst, okay, ja. – Aber es gibt ganz andere Aussagen von Nietzsche, zum Beispiel über Hoffnung. Habe ich auch noch mal kürzlich wieder gesehen. Also: *Halte heilig deine höchste Hoffnung.* Wie ein religiöser Satz. Und der ist mir auch sehr nah. Halte heilig deine höchste Hoffnung. Und meine höchste Hoffnung ist eben, dass ich diese Erkenntnis, die Wahrheit … Ich bin ja auch ein, sagen wir mal, heute würden viele sagen, das sei naiv, ich finde es nicht, ich bin ja ein Matador der Wahrheit. Ich glaube eher an die Wahrheit. Ich glaube, es gibt eine Wahrheit. – Könnte man sagen: Ich kenne ja alle Einwände, die man jetzt da bringen kann. Ist mir vertraut. Aber ich glaube an die Wahrheit. Und ich glaube auch, dass die Wahrheit erreichbar ist und dass dieser absolute Nihilismus, in dem wir leben, also die völlige Vernichtsung aller Werte, das ist auch absurd in dem Sinne, als natürlich auch viele … , sagen wir mal ... anderes Beispiel: Ich höre eine Musik. Allein eine Beethoven-Symphonie zeigt mir, dass der Nihilismus schon überwunden ist. Es gibt diese Möglichkeit, also die hohe schöpferische Leistung des Menschen, die ja möglich ist, die ja viele auch praktiziert haben, die ist möglich, und dann ist der Nihilismus ein Stückchen weit auch schon überwunden, und es gibt ein Licht der Hoffnung, was am Horizont aufglimmt.

Und das ist eben nicht nur sozusagen der letzte Atemzug, sondern es ist noch mehr. Es gibt eben immer auch, das kann man ja auch in seiner Alltagserfahrung sehen, hier einen wunderschönen Tag. Die Sonne scheint, und die Erde dreht sich. – Für mich alles gar keine Selbstverständlichkeit. – Ich freue mich immer. Die Menschen sind so, sind so vordergründig oft. Ich freue mich jeden Morgen über die Sonne. Ich freue mich über das Firmament. Ich bin immer tief bewegt geradezu. Man denkt, ein moderner Mensch ... Wie kann das sein? Ja, ich habe einen bestimmten Blick, dann sehe ich die Sonne, und dann denke ich über die Sonne nach, und dann fühle ich mich irgendwie im kosmischen Zusammenhang. Und dann ist für mich der Nihilismus einfach ein Gespenst. Das interessiert mich schon gar nicht mehr. Das ist dann ganz, ganz weit weg.

RH: Aber psychologisch würdest Du mir wahrscheinlich zustimmen, müsste man sagen, ein Leben ohne Hoffnung ... , also wenn das, was wir oder was ich am Anfang mal so zusammen subsummiert habe, es scheint immer weniger Grund zur Hoffnung zu geben momentan – aber ein Leben ganz ohne Hoffnung wäre, um mal diesen berühmten Eingangssatz über der Hölle in Dantes Inferno zu zitieren ...

JK: „Lasciate ogni speranza, voi ch'entrate!"

RH: Genau: „Lasst, die ihr eintretet, alle Hoffnung fahren." Heißt, ein Leben ohne Hoffnung ist eigentlich ein Leben in der Hölle.

JK: Im Grunde ist es so. Ein Leben ohne Hoffnung ist ein Leben in der Hölle. Das finde ich auch immer wieder, dass bei Menschen, die so ganz froh-gemut durchs Leben schreiten und glauben, sie wüssten etwas, und sie sind so ganz modern und ganz zeitgemäß – das finde ich immer grotesk. Weil ein kleiner Windhauch könnte sie sofort umpusten; irgendwie ein Unfall oder einen schrecklicher Schicksalsschlag. Und sofort sind sie, ist alles vorbei. Ja, das ist auf jeden Fall eine ... wie soll ich sagen, ein Leben ohne Hoffnung ist nicht möglich, würde ich auch sagen, weil der ... Da müssen wir ja auf die ... da müssen wir im Grunde genommen ... eines meiner Lieblingsthemen, über die Zeit sprechen. Was ist die Zeit? Was ist denn eine Hoffnung in die Zeit hinein? [Sie] ist ja ein Impuls im Hinblick auf eine bestimmte Zukunft. Nicht? Du hoffst, dass ... irgendwann öffnet sich der Horizont. Irgendwann, sage ich mal, irgendwann liebt sie dich. Du denkst, sie liebt Dich nicht, aber irgendwann begreifst Du, sie liebt Dich doch. Ja, dann öffnet sich irgendwas in der Zukunft. Und da sind wir auch ... Die Zeit spielt ja eine ganz entscheidende Rolle dabei. Und wenn man jede Hoffnung fahrengelassen hat, dann ist auch die Zeit ... , dann ist die Zeit tot, dann ist es tote Zeit. Und die Physik oder die Naturwissenschaft, überhaupt der Faktor t ist ja ein toter Faktor.

Aber das Leben ist ja lebendig und verändert sich auch ständig, ununterbrochen. Für mich ist das einfach lebendig, und für mich kann es deswegen gar kein Nihilismus in dem Sinne geben, weil da würde ich mich selber verneinen, da würde ich die Menschheit verneinen. Da würde ich dann den Kosmos verneinen. Das kann ich ja gar nicht, denn diese wunderbare Ordnung, die existiert ja. Und wie kommt sie zustande? Das muss, sozusagen, auch eine tiefere Ursache haben. Es ist nicht mechanistisch immanent zu erklären, sondern es ist tiefer verankert. Also letztlich. Ja?

RH: Aber das heißt, wenn die Hoffnung, und da würde ich Dir absolut recht geben, immer auch an die Zeit geknüpft ist, weil sie in irgendeinem Verhältnis zu einer Zukunft steht ...

JK: ... immer ...

RH: ... heißt es ja auch, die Art, wie wir mit Hoffnung umgehen, ist zunächst auch abhängig von dem Modell oder von dem Bild, das wir von Zeit haben. Also beispielsweise im Christentum sind wir sehr geprägt von diesem Gedanken einer messianischen Erwartung. Also, die messianische, lineare Zeit, wo am Ende der Tage eben für die Christen die Erlösung steht. Und das ist natürlich ein Bild oder eine Vorstellung, die uns im Abendland extrem geprägt hat und die auch viel über unser Bild von der Hoffnung sagt.

JK: Ganz richtig. Gibt es ein Ziel? Das kann man, muss

man nicht christlich interpretieren. Das gibt es ja in vielen ... dass gibt es ja auch im traditionellen tibetischen Buddhismus, das gibt es ja in vielen anderen Zusammenhängen auch: Es gibt in irgendeiner Form ein Telos, ein Ziel. Und dieses Ziel ist letztlich auch ein heiliges Ziel. Es ist auch sakral. Das kann man von religiösen Vorstellungen weitgehend lösen, finde ich. Aber das ist für mich auch ein wichtiger Punkt. Es gibt sozusagen eine Heilsgeschichte. Da würde man sagen: Gut, die Kirche, die redet, wie sie redet, die redet plötzlich von Heilsgeschichte. Ich meine es nicht religiös, sondern ich meine, es gibt ein Heil in den Dingen selber, auch eine Sakralität in den Dingen selber und im Menschen selber auch. Der hat sozusagen diesen Kern in sich und kann da anknüpfen an das, was da ist. Und insofern ist er doch auch eingehängt.

RH: Ist es in etwa verwandt mit dem, sagen wir mal, mit dem Geschichtsbild Hegels?

JK: Der Hegel ist da gar nicht so falsch. Also ich meine, ich habe den Hegel auch studiert. Hegel ist manchmal unerträglich in seiner Sprache usw., aber es gibt natürlich bei Hegel gerade auch eine Vorstellung, die er ja übernommen hat, auch ganz wesentlich von seinem jüngeren Freund Schelling. Also ja, es gibt da auch diese Vorstellung, das gibt es ja auch überhaupt im deutschen Idealismus, ist ja auch eine spirituelle Vorstellung. Letzlich kann man ja Hoffnung, da würdest Du mir ja wahrscheinlich auch zustimmen, außerhalb des Spirituellen gar nicht verstehen und denken. Das heißt, die Hoffnung hat immer zu tun mit einer spirituellen Dimension der Existenz. Du kannst sie auch religiös nennen. Bitte sehr, kann man auch machen. Auf jeden Fall eine metaphysische Angelegenheit. In der Tat. Der Hegel ist da natürlich in gewisser Weise ... den kann man da anführen ... obwohl er seine Begriffsmetaphysik, sage ich mal, in einer Weise vorangepeitscht hat, die dann doch auch fatal ist. Auch die Vergottung des Staates usw. finde ich fragwürdig. Da gibt es andere Denker, die waren da eigentlich weiter, finde ich. Und unter anderem der von mir geschätzte Schelling, über den ich auch mal ein Buch geschrieben habe. Also das finde ich da: Es gibt da ein Ziel, ein Telos. Ich bleibe einfach dabei.

RH: Wenn man das mal ernst nähme und die Metaphysik dann aber wieder runterbricht auf die Physik und sich dann fragt: Was heißt das denn für unser tägliches Handeln als *zoon politikon*, als politischer Mensch, der ja auch Entscheidungen treffen muss usw.? Verurteilt uns das dann nicht am Ende zur Bequemlichkeit? Kann man dann nicht sagen wie der Rheinländer: *Et hätt noch immer jut jejange. Wat küt, dat küt?*

JK: Ich freue mich, ja, ich finde es sehr witzig, diesen Spruch, und höre ihn immer wieder gerne. Weil es hat ja auch irgendwie, hat ja was, ist ja auch was Pragmatisches. Das kann man oft nicht ganz kompatibel machen. Man kann es einfach nicht. Der Alltag muss bewältigt werden, und es hat doch was Interessantes. Also der Philosoph freut sich auch dann immer, wenn er ... Also ich freue mich manchmal. Ja, siehst du? Guck mal, da sage ich zu mir selbst: Da bist Du wieder an diesem Alltagsproblem gescheitert. Ganz klar, oder? Da muss dir dieser und jener da noch mal sagen: Guck mal, wie machst Du es denn eigentlich? Ist doch eigentlich auch ein bisschen, ein bisschen klein. – Ja, ein bisschen klein-klein darf aber auch der Mensch sein. Ich finde, das ist auch eine Dimension, die man, die ich nicht lächerlich machen möchte, sondern ich habe auch eine Würde, auch wenn ich [die] vielleicht nicht immer leben kann. Ich habe eine Achtung vor der Würde des Alltags.

RH: Es holt uns immer wieder ein. Wo ich noch mal diesen Bogen schließen möchte zu dem Verhältnis von Hoffnung und Zeitlichkeit. Also wie sehr uns eben dieses, was ich eben meinte, dieses christliche messianische Bild doch prägt in Bezug auf Hoffnung. Man könnte sich ja auch ... oder man könnte sich andere Zeitbilder, Zeitvorstellungen vorstellen, die es ja durchaus gibt oder gegeben hat, beispielsweise eine eher zyklische Zeit, wo der Gedanke der Hoffnung schon wieder eine ganz andere Konnotation bekommt.

JK: Ja, ich kenne natürlich sehr gut die ganze Gegenüberstellung, das Zyklische und das Lineare usw. Für mich gibt es diesen Gegensatz gar nicht, weil ich denke in dem Linearen, in dem Voranschreiten immer auch das Zyklische mit und im Zyklischen denke ich das Andere mit. Jeder Tag ist der gleiche – und doch anders. Und das erlebe ich ja auch. Je älter ich wurde und werde, habe ich die folgende Vorstellung, vielleicht können viele Menschen das nachvollziehen: *Jeder Tag ist vollkommen anders.* Ich hatte Jahre, wo ich dann schon ... morgens wehte mich eine ganz andere Qualität an, ein ganz anderer Tag. Und das konnte ich auch beschreiben, und das finde ich wunderbar. Jeder Tag ist anders. Man hat ja hier das Gefühl, die Routine macht einen kaputt. Ist immer alles das Gleiche. Monotonie usw. Ja, ja, das gibt es auch, aber ich denke das Zyklische immer mit. Das Kosmische ist doch das Zyklische, die Erde dreht sich, das Gestirne Erde umrundet die Sonne. Und alles ist auch zyklisch. Es kehrt in gewisser Weise wieder. Da ist ja auch Nietzsches „ewige Wiederkunft" ganz gut. Auch nicht ganz sauber gedacht. Es gibt viele Einwände dagegen, aber man kann einiges doch mitnehmen.

RH: Genau, aber in dem Sinne, in so einem zyklischen Modell, wenn es das jetzt so abstrakt gäbe, ist Hoffnung auf Zukunft ja nicht nur etwas, was es irgendwann geben wird, sondern ist ja immer Wiedererinnern.

JK: Richtig.

RH: Ja, dieser Zyklus. Wir sind jetzt bald wieder in der Weihnachtszeit. Ist das das Licht in der Finsternis? Das lebt ja von der Erfahrung, dass es schon einmal da war und dass dann die Nächte auch wieder länger werden. Und von daher ist das ja auch ein Wiedererinnern in diesem ...

JK: Richtig. Ich finde ja auch, es gibt ja diesen Slogan „Erinnerung an die Zukunft", aber ich finde, da ist was dran, weil wir erinnern uns auch an das, was sein wird. Weil, es gibt bestimmte grundlegende Zyklen, in die wir einfach eingetaucht sind, und wir wissen das dann auch, und es kehrt immer wieder. Und trotzdem ist das Wiederkehrende nicht identisch mit dem Anderen. Das ist ja auch in unserem Leben so, ne? Also heute ist dieser und jener Tag. Und vor einem Jahr, wie war das eigentlich vor einem Jahr? Ich bin ja auch ein, sagen wir mal, manche haben sogar ein bisschen gesagt, der Kirchhoff, der übertreibt das da, ich bin ja auch ein Matador, sage ich mal noch mal, der Zeit in dem Sinne, dass ich die Zeiten immer bedenke. Auch mein eigenes Leben habe ich in einer Weise vor mir, würde ich mal fast sagen, wie das ganz wenige Menschen nur haben, weil ich kann mich genau erinnern immer an alles. Also viele in meinem meinem Bekanntenkreis, die finden das merkwürdig, und manche lächeln auch darüber, aber finden es dann doch irgendwie erstaunlich, dass man bei mir sozusagen ... Man kann einen Tag aufrufen, und ich brauche eine kurze Zeit und dann bin ich in der Nähe dieser Zeit und kann sagen, was da war. Und dann kann ich auch den Zusammenhang herstellen, weil es mich kolossal interessiert. Ich fühle mich manchmal wie jemand, der herabgestiegen ist aus der Zukunft, ja, in die Gegenwart mit einer bestimmten Aufgabe. Ich würde gar nicht diese Aufgabe erfassen, wenn ich sie nicht schon erfüllt hätte. Und da kommen wir in ein Paradoxon der Zeit überhaupt. Weil ich schon da war, gehe ich überhaupt los. Ich gehe nur deswegen los, weil ich weiß, dass es die Erfüllung gibt.

RH: Also letztlich dieser Anamnesis-Gedanke bei Platon.

JK: Richtig, ja, der spielt ja bei mir auch eine große Rolle. Ja.

RH: Und dann gibt es ja noch, und das hat auch wieder, finde ich, verändert das Verhältnis zu dem Begriff Hoffnung, eine dritte Zeiterfahrung, [ein drittes] Zeitmodell. Und das wäre für mich so eine Form von mystischer Zeit. Das, was in Goethes „Faust" „Spräche ich zum Augenblick: Verweile doch, Du bist so schön" [ausdrückt], also diese Zeit des Augenblicks. Der antike oder spätantike Philosoph Boethius hat dieses ... der Moment, der anhält, erzeugt Ewigkeit. Also dieses wirklich im-Moment-leben, wie man das ja vielleicht auch aus verschiedenen Formen der Meditation kennt. Und da ist es doch so, dass die Hoffnung – wie auch die Angst – dieser Möglichkeit, im Augenblick zu leben, eigentlich im Wege steht, oder?

JK: Ja, das ist ja auch ein interessanter Punkt. „Verweile doch, Du bist so schön." „Werd' ich zum Augenblicke sagen: Verweile doch, Du bist so schön – dann magst Du mich in Fesseln schlagen, dann will ich gern zugrunde gehen". Ja, es gibt ja auch diesen magischen Moment. Den wirst Du auch kennen. Es gibt diese magischen Momente, wo Du ganz in diesem Augenblick existierst und lebst und denkst: Ja, so ist es. Ja, jetzt haucht mich die Ewigkeit an.

RH: Weil ich ganz ohne Hoffnung eigentlich bin, als irgendetwas Anderes ganz hier.

JK: Ja, in gewisser Weise bin ich ohne Hoffnung, aber ich bin nicht wirklich ohne Hoffnung, weil dieser Augenblick selber ist sozusagen ... , der quillt über vor Hoffnung. Er ist die Erfüllung selber der Hoffnung. In diesem Augenblick erfüllt sich schon die Hoffnung.

Ich habe Augenblicke in meinem Leben erlebt, die waren so unglaublich, dass ich auch aus den Fugen geraten bin. Ich rede jetzt nicht von psychoaktiven Substanzen, sondern ich rede tatsächlich von existenziellen Erfahrungen, die so, so unfassbar sind. Auch Momente, wo ich sage jetzt mal, wo sozusagen die Pforten der Ewigkeit sich öffnen. Ja, und kann man immer sagen: Der Kirchhoff, jetzt fängt er an zu fantasieren. Ist mir vollkommen egal, ob das jetzt gesagt wird. Weil es gibt dann tatsächlich die Pforten der Ewigkeit. Können sich einen ganz kurzen Moment, ein winziges bisschen, ein kleiner Spalt kann sich öffnen und dann begreifst Du und dann möchtest Du diese Tür noch weiter aufstoßen. Aber wenn sie einmal, das wirst Du mir, glaube ich, auch bestätigen, wenn diese Tür, unterstellt, es gibt sie wirklich, mal ein bisschen auf war, kann sie sich nie wieder schließen. Also für mich ist es so. Diese Momente haben dazu geführt, dass bestimmte Türen sind immer auf, die sind nie geschlossen, sind nicht verriegelt, sind nicht eisern verriegelt, sondern sie sind auf. Dein Sinn ist ... wie heißt es da bei „Faust" ... Dein Sinn ist tot, usw. Auch die Anrede an ihn: Nur weil *Du* begreifst es nicht. Nur weil *Deine* Wahrnehmungsorgane jetzt tot sind, heißt es noch nicht, dass es das alles nicht gäbe. Es gibt die Möglichkeit, dass plötzlich die Dinge hell werden.

RH: Ich möchte noch mal zu einem anderen Punkt der Hoffnung kommen, der für mich viel mit der Frage zu tun haben könnte, warum wir momentan das Gefühl haben, über so wenig Hoffnungsressourcen zu verfügen.

Und das ist die Berechnung der Zukunft. Es ist also von alters her natürlich ein Wunsch des Menschen, in die Zukunft hineinzuschauen, um Zukunft berechenbarer zu machen. Im wahrsten Sinne. Nur mittlerweile sind wir ja an einem Punkt der Modellierung, die Corona-Krise hat es beispielsweise gezeigt, der Modellierung von Zukunft oder von Zukunftserwartungen angekommen, wo man dem Modell mehr vertraut als eigentlich der Realität. Das heißt, die Zukunft ist immer schon ein Stück weit eine vorweggenommene Zukunft. In dem Moment, wo ich das mehr und mehr verwechsle, bin ich ja auch nicht mehr in der Lage, wirklich zu hoffen. Also wenn das Modell beispielsweise sagt, die Klimakatastrophe wird in zehn Jahren den und den Stand erreicht haben, dann muss ich ja nicht mehr hoffen, weil dann ist ja eh alles schon quasi berechnet.

JK: Ganz richtig. Das wissen wir ja aus der Krise. Das habe ich gleich kritisiert von Anfang an, dass das Irrsinn ist, weil es stimmt auch gar nicht. Also da lässt sich der Mensch, glaube ich, heute auch täuschen. So ist es nicht. Wenn ich von der … , wenn ich zum Beispiel persönlich von der Berechenbarkeit höre und darüber etwas sage, habe ich immer eine magische Zahlenmystik im Kopf sozusagen. Ich habe dann auch eine Vorstellung, wie bestimmte Rhythmen laufen. Und in diesem Sinne aber hat es was Lebendiges, sozusagen etwas Kosmisches, etwas geistig-Kosmisches. Aber dieses, was Du da angesprochen hast, das ist ja der pure Albtraum. Dann ist ja der … , ist der Mensch ja dann l'Homme-Machine. Er soll dann komplett sein, wie der Mensch sowieso als Biocomputer heute vorgestellt wird, im

Transhumanismus auch usw. Das alles finde ich nicht nur ablehnenswert. Das halte ich auch für philosophisch vollkommen unhaltbar. Also diese Dinge habe ich ja immer wieder auch angegriffen und werde sie auch weiter angreifen. Die Menschen lassen sich täuschen dadurch, durch die wunderbarste KI, die alles mögliche machen kann, fantastische Übersetzungen usw. und Täuschungen bis zum Abwinken, ja? Aber es ist auch ein magischer Zauber, sage ich mal, der uns da in Bann hält, der uns auch in einen Irrsinn treibt und unsere Menschenwürde einfach vollkommen kaputt macht. Also ich denke, daran glaube ich nicht. Ich bin da ein ... da bin ich auf den Barrikaden, was das betrifft, und ich versuche es auch zu belegen durch mein eigenes Dasein. Wenn das wirklich so wäre, das hat man in der Corona-Krise gesehen, dass das alles nicht stimmte. Nils Ferguson mit seinen wunderbaren Imperial College hat die wunderbarsten Voraussagen gemacht. War alles falsch. Es stimmte nichts.

RH: Zum wiederholten Mal.

JK: Zum wiederholten Mal. Es stimmte gar nichts.

RH: Gut, aber dann ist ja die Reaktion eigentlich, und das ist ja auch aus der Logik nachvollziehbar, dass man sagt, okay, das Modell war jetzt noch falsch, aber das nächste Modell kommt der Zukunft dann vielleicht schon näher. Egal, ob das jetzt stimmt oder nicht.

Mir geht es um einen anderen Punkt, dass ich dann ja die Möglichkeit erst mal prinzipiell nehme von dem, was, glaube ich, bis dahin das Wesen des Menschen oder des Seins ausgemacht hat: Die Möglichkeit des Einbruchs des total Anderen, also das, was der Mensch klassischerweise das Wunder nennt, was ja in allen Religionen und allen Kulturen immer so ein Moment ist, wo eben das einbricht in die Existenz, was nicht berechenbar ist, was nicht vorhersehbar war. Und dann ist ja die Frage: Wie verändert uns das als Mensch? Egal ob ich jetzt an Wunder glaube oder nicht. Aber die Möglichkeit, ja, die macht ja etwas mit mir. Die definiert mich ja auch als Mensch, die Möglichkeit eines Wunders.

JK: Ja. Natürlich definiert uns das als Menschen, ganz klar. Weil das Wunder ist ja auch ... Ich meine, wir reden vom Wunderbaren. Ich benutze gerne das Wort. Irgendeiner hat mir einen Gefallen getan. Oder irgendetwas Schönes ist passiert. Ich sage: Vielen Dank, das ist wunderbar, dass Du das gemacht hast, ja? Dann ist ja das Wunder da drin. Das Wunder, mein Gott, das Wunder! Das Wunder der Existenz. Und ich könnte jetzt hier eine Eloge singen, sozusagen, auf das Wunder der Existenz überhaupt. Und das ist ja ... das Wunderbare ist immer anwesend. Außerdem, dieser Mensch, der heutige moderne Mensch lebt, ich sage mal ganz bewusst polemisch, lebt in dem Wahn, sehr viel erkannt zu haben. Die meisten laufen so rum: Ja, aber ist doch alles schon erkannt worden. Wir wissen doch so viel. – Da spreche ich immer vollkommen dagegen, weil ich sage: Nein, was ist denn erkannt worden? Weiß der Mensch denn letztlich etwas von sich selber in der Tiefe? Weiß er denn, wer er ist? Weiß er etwas von dem Dämon in seiner eigenen Brust? Weiß er wirklich, was Zeit ist? Nein, er weiß es nicht. Weiß er, was Bewusstsein ist? Nein, er weiß es gar nicht. – Das Wunder ist immer da. Es kann jeden Moment passieren. Und ich gehe. Ich. Es kann immer, jeden Moment etwas passieren, was wunderbar ist. Und ich habe die Erfahrung gemacht. Und ich finde, das ist dann natürlich ein genauer Widerspruch zu dieser absoluten Berechenbarkeit, die ich ja eigentlich sowieso absurd finde. Aber sie wird ja gelebt und propagiert auch. Ich finde, da muss man einfach dagegen sein. Also ich bin da auch ... Ich bin ja nicht ... Ich habe nicht Schaum vorm Mund und fange an verrückt zu spielen. Aber man kann sich abwenden, man muss nicht alles mitmachen. Das muss man einfach nicht, weil das Leben ist was anderes. Das ist noch irgendwie anders eingehängt.

RH: Es gibt diesen – fällt mir da ein, weil ich diesen Gedanken sehr faszinierend finde, also dieses, was wir alles nicht wissen –, es gibt diesen schönen Gedanken von Simone Weil, die das ungefähr auf den Punkt gebracht hat: Unsere Kultur sähe vollkommen anders aus, wenn wir in den Schulen das lehren würden, was wir alles nicht wissen oder noch nicht wissen, statt das, was wir wissen.

JK: Ja, ja. Ja, natürlich. Und das ist ja doch im Grunde genommen ... Mein Gott, ich verstehe immer gar nicht, wenn Menschen stolz sind oder auch auf ihr Wissen. Dann frage ich nach: Was weißt Du denn? Was hast du? Hast Du Dir doch alles nur angelesen. Was ist deine eigene Erfahrung? Wie weit geht die überhaupt? Kannst Du das wissen? Die meisten sind doch im Grunde genommen, – mein Gott, das ist doch eigentlich banal schon fast – total wissenschaftsgläubig. Wenn sie nicht sowieso einem Guru hinterherlaufen oder einer strengen Religion anhängen, sind sie doch einfach vollkommen abhängig von dem, was ihnen eingetrichtert wird. Das haben wir doch auch in der Corona-Krise erlebt. Das haben wir doch im Grunde genommen auch in der Klimakrise. Ich will jetzt nicht, um Gottes Willen, nicht die Klimakrise hier aufmachen, dieses Thema, da kommen wir ins Uferlose. Aber auch da gibt es ja viele fragwürdige Punkte. Aber das ist jetzt ein eigenes Thema.

Aber was ist denn wirkliches Wissen? Ich würde mal sagen, das wirkliche Wissen beginnt mit dem, beim Menschen: Wer bin ich? Was ist der Mensch, und wer ist der Mensch? Das ist die interessanteste Frage. Und wenn man die ein Stück weit lösen könnte, dann ist man auch im Wunder in diesem Sinne, also dann ist man auch auf einer anderen Ebene.

Und dann muss man ja nicht dogmatisch durch die Gegend laufen und nun den Guru spielen für Andere. Das ist ja absurd, sondern man macht es mit sich ab. Aber ich finde es wichtig, weil wir leben in einer mysteriösen Welt. Ich sage das oft, da wundern sich vielleicht manche darüber. Wir sind doch umgeben von Mysterien. Man kann sich doch gar nicht ... allein die pure Ich-Existenz ... Ich habe kürzlich mal gelesen in einem ganz banalen Journal. Da stand eine dicke Überschrift: Das eigentlich Metaphysische ist das Ich. Dass ich dachte, das ist mal ein guter Satz. Ja, das ist es nämlich – wir selbst sind die Metaphysik, die gelebte Metaphysik. Und da sind wir doch in einem ganz tiefen Bereich, das hat doch keiner verstanden: Wie kommt die Ich-Werdung zustande? Warum bist Du so, wie Du bist? Bist Du aus dem Nichts herausgezaubert? Hat Dich irgendwie eine komische Drehung der Dinge dahin gebracht, dass Du jetzt plötzlich der bist, der Du bist? Das kann ja wohl nicht sein. Aber das könnte man auch denken, natürlich. Die Geworfenheit im Sinne des Existenzialismus. Hat es ja alles auch gegeben, aber ist für mich nicht attraktiv. Das finde ich einfach kurz gedacht.

RH: Das bringt mich fast automatisch zu der letzten Frage: Würdest Du sagen, man kann Hoffnung lernen oder gar finden?

JK: Man kann es bis zu einem gewissen Grade finden. Wenn denn die Hoffnung, sagen wir mal, als ein „Ding" wirklich existierte, dann könnte man sagen: Hier gibt es sie. Guck Dir das an! Ja, insofern kann ich höchstens sagen: Versuche tief zu denken und versuche überhaupt durch das Denken und gute Fragen deinen Horizont zu erweitern. Und dann hast Du auch eine andere Vorstellung von der Zukunft. Und dann hast Du auch eine andere Vorstellung von der Hoffnung und nicht nur nochmal, um darauf zu kommen – es ist ja nicht lächerlich, sondern es ist ja tief menschlich, existenziell: Ja, liebt sie mich denn, oder liebt sie mich nicht? Das ist ja für einen Menschen erstmal ... Und dann stellt er vielleicht entsetzt fest: Mein Gott, das war eine Täuschung, ja? Diese Hoffnung war falsch. Jetzt glaube ich gar nichts mehr, oder umgekehrt. Ja, all diese Dinge sind ja tief menschlich. Und ja, erlernen kann man die Hoffnung auf keinen Fall. Und das positive Denken, das wollten wir noch kurz ansprechen, ist für mich eine Ideologie, also das *positive thinking*. Es war eine Weile, ja, die große Mode: Denkt doch positiv usw. Das finde ich also schwach gedacht auch. Das kann man natürlich, das Positive denken. Es gibt Leute, die denken nur negativ, das ist ja klar, das wissen wir ja auch, die alles irgendwie nur negativ sehen. Das ist ja auch absurd, das ist ja auch pathologisch. Aber dieses positive Denken ist was vollkommen anderes als Hoffnung.

RH: Das ist ja auch wieder so ein ... ja, als gäbe es da ein Naturgesetz quasi, dass am Ende alles gut wird, so wie es Rilke in einem seiner schlechtesten Gedichte geschrieben hat: „Und wenn Du denkst, es geht nicht mehr, kommt von irgendwo ein Lichtlein her." Also als wäre das so.

JK: So einen schwachen Text hat er geschrieben? Ja? Kannte ich gar nicht.

RH: Also als wäre das quasi ... als wäre das so. Ja, und das ist natürlich genau das Gegenteil von Hoffnung, weil Hoffnung nicht damit rechnen kann, dass sich etwas verändert, auch zum Positiven verändert. Aber es ist nicht notgedrungen so.

JK: Nein, die Hoffnung hat ja auch immer das Fragezeichen. Ist es wirklich so? Also wer wirklich schwer krank ist und schon aufgegeben wurde von den Ärzten, der hat ja immer noch die Hoffnung in sich und denkt: Oh Gott, ja, es kann ja doch alles ganz anders sein. Und es gibt ja auch Beispiele, wo es so ist. Aber oft ist es nicht so, und da ist die Hoffnung. Erlernen kann man das

106

nicht. Aber ich sage nochmal abschließend vielleicht: Die Hoffnung ist gebunden geradezu in die tiefe Hoffnung, letztlich im Grunde genommen an eine spirituelle Perspektive. Wenn ich das ganz ausklammere, wird es schwierig, denn rein immanent, reduktionistisch sozusagen, kann man die Hoffnung dann nicht verankern. Dann wird es schwierig. Das glaube ich nicht. Also es ist dann letztlich immer der Appell an eine tiefere Schicht in der menschlichen Existenz oder im Sein überhaupt. Und wenn das nicht sein darf, wenn man das nicht benennen darf, dann ist es schwierig, da kommen wir nicht weiter. Also man muss den Sprung machen aus dem Nihilismus und Materialismus raus in eine andere Dimension. Das muss möglich sein. Und daran krankt ja unsere Zeit, dass es eben nicht möglich ist. Oder eben nur fanatisch religiös, dogmatisch. Am liebsten den anderen töten, wenn er das nicht einsieht. Das ist ja alles Irrsinn, ist ja alles Wahnsinn.

RH: Jochen, ich danke Dir ganz herzlich ...

JK: Ich danke Dir.

RH: ... für die vielen Facetten und Gedanken zu diesem einen Begriff, der, glaube ich, uns und letztlich ja auch die Geschichte irgendwie am Laufen hält.

JK: Würde ich sagen, ja. Danke schön.

* * *

„Der Kosmos ist beseelt"

Der Filmemacher Rüdiger Sünner im Gespräch mit
dem Naturphilosophen Jochen Kirchhoff

Rüdiger Sünner: Das „Wilde Denken" indigener Kulturen sieht alles in der Natur als beseelt an. Kannst Du dem als Philosoph zustimmen?

Jochen Kirchhoff: Na ja, es ist erst mal eine Grundannahme, die man natürlich in letzter Instanz nicht wissenschaftlich abgreifen kann und auch fundieren kann. Das geht nicht. Und wenn Du sagst, ich hätte immer alles für beseelt gehalten – ja, alles ist beseelt im Sinne von: hat eine Innenseite. Also, wie wir selber außen und innen sind, wir haben eine Außenseite und eine Innenseite, so schließe ich mit Novalis – der Mensch als Analogienquelle für das Weltall – dass auch alle anderen Dinge, Naturdinge, auch eine Innenseite haben. Sie sind ähnlich wie der Mensch nur in einem anderen Bewusstseinsstand, anderen Bewusstseinsstatus. Insofern ist es ein Analogieschluss von mir selber. Ich bin Teil der Natur wie jeder Mensch. Und als ein solcher Teil der Natur spiegeln sich natürlich in mir alle Grundgesetze, alle Grundqualitäten dieser Welt. Und das unterstelle ich bei einer Yucca-Palme, bei einer Ameise und überall. Das muss genauso sein. Es sei denn ... sonst würde es ja bedeuten, dass wir so exzeptionell aus allem herausfallen, sozusagen, dass es nur für uns gilt. Und das halte ich für extrem unwahrscheinlich.
Also es ist ein Analogieschluss. Erst einmal, den ich für

legitim halte. Ich meine überhaupt: Denken ist ein Stück weit immer Analogie, muss Analogie sein, sonst können wir gar nicht denken.

RS: Können auch wir – wie indigene Völker – mit Pflanzen und Tieren kommunizieren?

JK: Wir haben ja eine bestimmte Kontaktmöglichkeit mit dem Tierreich. Fraglos ist die gegeben, auch mit dem Pflanzenreich. Das können wir nur, weil es sozusagen einen Repräsentanten des Tier- und Pflanzenreichs in uns selber gibt. Wenn das unüberbrückbar getrennt wäre, gäbe es das nicht. Das heißt, wir sind ja ein Stück weit auch Pflanzen und Tiere geblieben, in Anführungszeichen. Das ist in uns ganz lebendig, und es macht auch überhaupt ... es ermöglicht überhaupt unsere physisch-sinnliche Existenz. Es geht gar nicht anders. Das kann man nicht abschneiden. Und genauso diese magisch-mythischen Schichten: Die sind genauso immer anwesend. Es ist geradezu fatal und würde die Menschen kolossal verarmen, wenn man das alles abschneiden würde. Also das Magisch-Mythische ist genauso anwesend wie das Tierische, das Pflanzliche, in gewisser Weise auch das Mineralische. Das ist alles da und für einen sensiblen Denker durchaus kontaktierbar, also der trotzdem ein Ich-bewusstes Wesen ist und darüber in einer vernünftigen Sprache reden kann. Aber es ist da.

RS: Hast Du als Naturphilosoph ein spirituelles Verhältnis zur Erde?

JK: Dieses spirituelle Verhältnis zur Erde ist für mich eigentlich elementar. Für mich ist die Erde, weit über die übliche Gaia-Theorie hinaus, ein beseelter Großorganismus, umfassend. Sie ist ein beseelter Großorganismus, aber sie ist keine isolierte Monade im Kosmos, sondern für mich ist sie, der Kosmos, überhaupt der ganze Kosmos, das Universum, ist für mich durchpulst von Leben. Die Erde ist nur ein Beispiel, eines von unzähligen bewohnten Gestirnen.

Und die Erde ist für mich in diesem Sinne auch durchaus sakral. Und ich finde, ich glaube auch, dass das ökologische Desaster auch damit zusammenhängt, dass man in einer brutalen, ignoranten Weise vieles plattgemacht hat, was eigentlich sakral geschützt und behütet hätte werden müssen. Also die Brutalität: Hier bin ich, sozusagen der Matador der großen Maschine des „Megatechnischen Pharao". Und da ist ... das wird alles plattgemacht aus purer Ignoranz. Und das ist fatal.

Also für mich ist alles belebt und beseelt, und die Erde als Ganzes ist ein Juwel im Kosmos, und andere Gestirne sind das auch.

Aber, ich muss ein „Aber" dazufügen, für mich gibt es, das weißt Du ja auch, Rüdiger, für mich gibt es aber auch *ein Geisterringen*. Also auch mit involutiven Kräften. Es gibt nicht nur die evolutiven Kräfte, die kosmischen Kräfte. Es gibt da ein Gegenprogramm, sozusagen. Es ist auch ein Ringen im Kosmos. Ist keine Idylle. Die Erde ist keine Idylle, und das weiß ja jeder, der mal in eine Grenzsituation gekommen ist, wo sein Leben bedroht war, etwa in den Bergen, was ich kenne. Dann weiß man ja, also das ist auch heikel, das ist ... es ist keine Idylle. Die Erde ist kein [idyllischer Ort] ... das muss man einfach immer bedenken.

Das Leben ist auch gefährdet und schwierig. Und auch die Natur kann extrem bedrohlich sein, das ist ja gar keine Frage. Es wäre naiv und einfach blöd, das zu leugnen. Das ist ohne Weiteres so!

RS: Hat uns auch die christliche Theologie vom Glauben an eine beseelte Natur abgeschnitten?

JK: Es hat da einen Feldzug gegeben gegen die beseelte Natur, kann man sagen, einen brutalen Feldzug im Sinne einer religiösen Eroberer-Ideologie, die dann nahtlos übergehen konnte in die moderne Naturwissenschaft, die ja letztlich *auch die Natur als Objekt* betrachtet.

Das ist ja die große „Errungenschaft" seit Galilei, dass man eben nicht fragt: Was ist das Wesen der Natur?, eine unwissenschaftliche Frage, sondern: wie sie funktioniert, wie sie mathematisiert werden kann, wie man Maschinen daraus bauen kann. Das ist die … , das war eigentlich die Parole. Und das ist sie bis heute. Auch die ganze ökologische Krise hängt damit zusammen.

Und letztlich [muss man sehen], darüber haben wir, glaube ich, auch mal gesprochen, dass man vielleicht die Ökologie auch sakralisieren müsste, oder dass da auch sakrale Elemente eigentlich eine Rolle spielen könnten oder müssten. Aber sie tun es faktisch kaum, sage ich mal.

RS: Was hat die Kirche an den naturreligiösen Vorstellungen indigener Völker gestört?

JK: Das hängt mit der christlichen Ideologie zusammen, mit dem Erlösungsgedanken. Der Erlösungsgedanke, wie er im Christentum verbreitet ist, ist ein Gedanke der Herauslösung aus dem Naturzusammenhang. Ganz einfach. Und wenn die Natur beseelt ist, ist es eine Gegenkraft, die in gewisser Weise die Erlösungsideologie des Christentums ad absurdum führt.

Es gibt ja die berühmte Stelle im „Neuen Testament", wo Jesus von Nazareth einen Feigenbaum verflucht. Ja, also darauf kann man sich quasi besinnen. Das ist da schon verankert. Also die Sakralität der Natur darf nicht sein, weil sie eine eigenlebendige Kraft ist. Auch die Weltseele wäre das. Die das eigentliche Sakrale in dem Opfertod des Jesus von Nazareth irgendwie konterkariert. Das musste sozusagen brutal runtergemacht werden oder eben vereinnahmt werden, wo man es vereinnahmen konnte. Also das kann man nicht vereinbaren.

Eine allbeseelte Natur ist letztendlich mit dem Christentum nicht vereinbar, obwohl es natürlich immer wieder Versuche gegeben hat, das zusammenzudenken. Aber letztendlich ist es nichts Christliches.

RS: Die Romantiker sprachen vom „Rauschen der Haine": eine Wiederbelebung animistischer Naturerfahrung?

JK: Es gibt auch den Wind in den Bäumen, aber es gibt immer ... Der Wind in den Bäumen ist nicht nur der Wind in den Bäumen, es rauscht noch *was anderes*, und es hat auch diese Assoziation mit dem Rausch im Sinne des Rauschhaften. Also auch dieses eigenartige Rauschen, was ja auch in spirituellen Erfahrungen zum Teil berichtet wird.

Es weitet sich etwas, die Seele weitet sich. Und ja, auch

bei Eichendorff-Gedichten, von Schumann vertont. Sie, die Seele, weitet sich und gewinnt dadurch auch sozusagen ihre Heimat, ihren eigentlichen Raum zurück, wo sie zu Hause ist.

Also da gibt es schon eine Weitung, [so] würde ich es eher nennen als Entgrenzung. Die Seele weitet sich. Ist ja ein wunderbares Gefühl, wenn die Seele sich weiten kann, wenn sie nicht eng ist, zugeschnürt, was ja jeder kennt, das Zugeschnürte. Wenn sie sich richtig weiten kann. Öffnen kann. Dann schwingt sie ja auch lebendig und erreicht auch andere etwa in der Musik oder in der Dichtung.

RS: Die „Natursichtigkeit" der Dichterin Annette von Droste-Hülshoff (1797-1848), kannst Du dazu etwas sagen?

JK: Ich habe, glaube ich, in der „Erlösung der Natur", wo ich ja auch die Droste behandle, den Begriff der *Natursichtigkeit* auf sie angewendet. Also die Droste hatte bestimmte Fähigkeiten, wie immer die jetzt entstanden waren. Sie hatte so eine Natursichtigkeit, eine Wahrnehmung, die in diesem Sinne paranormal war, weil sie die meisten Menschen nicht haben. Auch bedingt, aber nicht nur bedingt durch ihre eigenartige Fähigkeit, das Kleine ganz genau zu erkennen. Ja, auch eine Seh-Anomalie, die winzige Schrift usw. Sie sah Dinge, die andere gar nicht gesehen haben. Auch das ... Und viele Gedichte zeigen das auch ganz deutlich. Und dieser „Taumel im Gras", also diese „tief trunkene Flut" usw. – die Droste hatte da eine Grundwahrnehmung.

Sie hatte eine ... Sie nahm die beseelte Natur einfach

wahr an der Grenze zur Halluzination, auch in dem Gedicht „Fragment". Das wirkt zum Teil wie eine LSD-Vision, wenn man das liest. Oder in der „Mergelgrube" (Gedicht von Annette v. Droste-Hülshoff) das Gefühl: Was ist das denn? Also wie sozusagen ... Sie ist da mit ihrem Hämmerchen unterwegs, so ganz im Sinne des 19. Jahrhunderts. Aber dann kommt da plötzlich was ganz Anderes. Da ist so eine ... ob das schamanisch ist? Möglicherweise. Ich würde den Begriff jetzt nicht unbedingt benutzen, aber es gibt eine Natursichtigkeit. Finde ich eigentlich einen schönen Begriff. Den habe ich nicht erfunden, den habe ich, glaube ich, zum ersten Mal irgendwo gelesen bei einem Paläontologen, der auch spirituell orientiert war, Edgar Dacque. Der benutzt den Begriff, und den habe ich da adaptiert.

Also die Droste ist eine natursichtige Frau, die einfach sieht, einfach bestimmte Sachen einfach gesehen hat, auch was Erschreckendes gesehen hat. Es gibt ja auch Visionen von ihr, die sind einfach Alpträume. Das ist ja nicht nur schön, sondern auch schrecklich.

RS: Viele Dichter der deutschen Romantik glaubten an Seelenwanderung. Was denkst Du darüber?

JK: Na ja, wohin geht meine Seele? Erst einmal geht sie in das Feld der Weltseele. Sie bleibt aber noch individuell. Ich glaube nicht, dass die Seele nach dem Tode einfach so wie der Tropfen ins Meer fällt, die Einzelseele in die Weltseele. Das glaube ich nicht. Ich glaube, dass die Seele erhalten bleibt, auch als Individualität. Und dass dann irgendwann, das hat bestimmte karmische Gründe, dann eine Reinkarnation erfolgt nach Gesetzmäßigkeiten, die mit der Einzelbiographie zusammenhängen und mit dem Gesamtzusammenhang. Auf jeden Fall die ... für mich ist es eine Selbstverständlichkeit, ich habe keine Sekunde in meinem jahrzehntelangen Nachdenken darüber je daran gezweifelt. Also ich kann mir das gar nicht vorstellen. Ich finde die Vorstellung eines absoluten Endes in diesem hier favorisierten Sinne ... finde ich einfach so hirnrissig und dumm auch und so oberflächlich, weil man hat einfach nicht tief genug darüber nachgedacht. Dann würde man das eigentlich begreifen, dass es aberwitzig ist. Ich kann das gar nicht nachvollziehen. Ich kann mich auch gar nicht ... Seit ich denken kann, habe ich das so gesehen.

RH: Warum nehmen wir unsere eigenen spirituellen Traditionen weniger ernst als die indigenen Kulturen?

JK: Man liegt auf dem Bauch vor dem Dalai Lama. Man darf natürlich nichts Abfälliges sagen über die indigenen Kulturen. Aber die spirituellen Qualitäten der eigenen Tradition, auch großer Dichtung, großer Literatur, auch der Musik, die dürfen nicht wirklich ernst genommen werden. Das hat viele Gründe, vielleicht auch eine ... , der Deutsche ist auch gerade durch die nach 1945 [erfolgte Tabuisierung], ... natürlich hat er noch eine verstärkte Scheu, diesen Dingen sich überhaupt zu nähern, weil es klingt irgendwie dann schon fast faschistisch – in Anführungszeichen. Man wird dann auch leicht in die rechte Ecke gedrückt, und man kommt in ein eigenartiges Feld. Das darf nicht so sein, weil dann hieße das ja, dass man das ernst nimmt. Und wenn man das ernst nimmt, dann ist das schon gefährlich, weil es

116

hieße ja, dass man die Rationalität, die so hoch gefeier-
te, sozusagen überwindet oder unterschreitet, wie auch
immer. Und dann ist man in einem gefährlichen, auch
politisch gefährlichen Raum. Da ist man ja im Rauschhaften, sozusagen. Man kann das nicht ruhig betrachten, und da ist, glaube ich, auch ein Bruch passiert
durch den Nationalsozialismus, eindeutig, in Deutschland. Es ist besonders schlimm in Deutschland nach '45,
dass da wie ein Tabu drüber liegt.

***

Im Anschluss folgen die beiden im Text erwähnten Gedichte von Annette von Droste-Hülshoff.

Annette von Droste-Hülshoff

Fragment

(1841/42)

Alles still ringsum –
Die Zweige ruhen, die Vögel sind stumm.
Wie ein Schiff, das im vollen Gewässer brennt,
Und das die Windsbraut jagt,
So durch den Azur die Sonne rennt
Und immer flammender tagt.
Natur schläft – ihr Odem steht,
Ihre grünen Locken hangen schwer,
Nur auf und nieder ihr Pulsschlag geht
Ungehemmt im heiligen Meer.
Jedes Räupchen sucht des Blattes Hülle,
Jeden Käfer nimmt sein Grübchen auf;
Nur das Meer liegt frei in seiner Fülle
Und blickt zum Firmament hinauf.

Annette von Droste-Hülshoff

Die Mergelgrube

(1844)

Stoß deinen Scheit drei Spannen in den Sand,
Gesteine siehst du aus dem Schnitte ragen,
Blau, gelb, zinnoberroth, als ob zur Gant
Natur die Trödelbude aufgeschlagen.
Kein Pardelfell war je so bunt gefleckt,
Kein Rebhuhn, keine Wachtel so gescheckt,
Als das Gerölle, gleißend wie vom Schliff
Sich aus der Scholle bröckelt bei dem Griff
Der Hand, dem Scharren mit des Fußes Spitze.
Wie zürnend sturt dich an der schwarze Gneus,
Spatkugeln kollern nieder, milchig weiß,
Und um den Glimmer fahren Silberblitze;
Gesprenkelte Porphire, groß und klein,
Die Ockerdruse und der Feuerstein –
Nur wenige hat dieser Grund gezeugt,
Der sah den Strand, und d e r des Berges Kuppe;
Die zorn'ge Welle hat sie hergescheucht,
Leviathan mit seiner Riesenschuppe,
Als schäumend übern Sinai er fuhr,
Des Himmels Schleusen dreißig Tage offen,
Gebirge schmolzen ein wie Zuckerkand,
Als dann am Ararat die Arche stand,
Und, eine fremde, üppige Natur,
Ein neues Leben quoll aus neuen Stoffen. –
Findlinge nennt man sie, weil von der Brust,
Der mütterlichen sie gerissen sind,

In fremde Wiege schlummernd unbewußt,
Die fremde Hand sie legt wie's Findelkind.
O welch' ein Waisenhaus ist diese Haide,
Die Mohren, Blaßgesicht, und rothe Haut
Gleichförmig hüllet mit dem braunen Kleide!
Wie endlos ihre Zellenreihn gebaut!

Tief in's Gebröckel, in die Mergelgrube
War ich gestiegen, denn der Wind zog scharf;
Dort saß ich seitwärts in der Höhlenstube,
Und horchte träumend auf der Luft Geharf.
Es waren Klänge, wie wenn Geisterhall
Melodisch schwinde im zerstörten All;
Und dann ein Zischen, wie von Moores Klaffen,
Wenn brodelnd es in sich zusamm'gesunken;
Mir über'm Haupt ein Rispeln und ein Schaffen,
Als scharre in der Asche man den Funken.
Findlinge zog ich Stück auf Stück hervor,
Und lauschte, lauschte mit berauschtem Ohr.

Vor mir, um mich der graue Mergel nur,
Was drüber, sah ich nicht; doch die Natur
Schien mir verödet, und ein Bild erstand
Von einer Erde, mürbe, ausgebrannt;
Ich selber schien ein Funken mir, der doch
Erzittert in der toten Asche noch,
Ein Findling im zerfall'nen Weltenbau.
Die Wolke theilte sich, der Wind ward lau;
Mein Haupt nicht wagt' ich aus dem Hohl zu strecken,
Um nicht zu schauen der Verödung Schrecken,
Wie Neues quoll und Altes sich zersetzte –
War ich der erste Mensch oder der letzte?

Ha, auf der Schieferplatte hier Medusen –
Noch schienen ihre Stralen sie zu zücken,
Als sie geschleudert von des Meeres Busen,
Und das Gebirge sank, sie zu zerdrücken.
Es ist gewiß, die alte Welt ist hin,
Ich Petrefakt, ein Mammuthsknochen drinn!
Und müde, müde sank ich an den Rand
Der staub'gen Gruft; da rieselte der Grand
Auf Haar und Kleider mir, ich ward so grau
Wie eine Leich' im Katakomben-Bau,
Und mir zu Füßen hört ich leises Knirren,
Ein Rütteln, ein Gebröckel und ein Schwirren.
Es war der Todtenkäfer, der im Sarg
So eben eine frische Leiche barg;
Ihr Fuß, ihr Flügelchen empor gestellt
Zeigt eine Wespe mir von dieser Welt.
Und anders ward mein Träumen nun gewandet,
Zu einer Mumie ward ich versandet,
Mein Linnen Staub, fahlgrau mein Angesicht,
Und auch der Scarabäus fehlte nicht.

Wie, Leichen über mir? – so eben gar
Rollt mir ein Byssusknäuel in den Schooß;
Nein, das ist Wolle, ehrlich Lämmerhaar –
Und plötzlich ließen mich die Träume los.
Ich gähnte, dehnte mich, fuhr aus dem Hohl,
Am Himmel stand der rothe Sonnenball
Getrübt von Dunst, ein glüher Karniol,
Und Schafe weideten am Haidewall.
Dicht über mir sah ich den Hirten sitzen,
Er schlingt den Faden und die Nadeln blitzen,
Wie er bedächtig seinen Socken strickt.

Zu mir hinunter hat er nicht geblickt.
„Ave Maria" hebt er an zu pfeifen,
So sacht und schläfrig, wie die Lüfte streifen.
Er schaut so seelengleich die Heerde an,
Daß man nicht weiß, ob Schaf er oder Mann.
Ein Räuspern dann, und langsam aus der Kehle
Schiebt den Gesang er in das Garngestrehle:

Es stehet ein Fischlein in einem tiefen See,
Danach thu ich wohl schauen, ob es kommt in die Höh;
Wandl' ich über Grunheide bis an den kühlen Rhein,
Alle meine Gedanken bei meinem Feinsliebchen sein.

Gleich wie der Mond ins Wasser schaut hinein,
Und gleich wie die Sonne im Wald gibt güldenen Schein,
Also sich verborgen bei mir die Liebe findt,
Alle meine Gedanken, sie sind bei dir, mein Kind.

Wer da hat gesagt, ich wollte wandern fort,
Der hat sein Feinsliebchen an einem andern Ort;
Trau nicht den falschen Zungen, was sie dir blasen ein,
Alle meine Gedanken, sie sind bei dir allein.

Ich war hinaufgeklommen, stand am Bord,
Dicht vor dem Schäfer, reichte ihm den Knäuel;

Er steckt' ihn an den Hut, und strickte fort,
Sein weißer Kittel zuckte wie ein Weihel.
Im Moose lag ein Buch; ich hob es auf –
„Bertuchs Naturgeschichte"; lest ihr das? –
Da zog ein Lächeln seine Lippen auf:
Der lügt mal, Herr! doch das ist just der Spaß!

Von Schlangen, Bären, die in Stein verwandelt,
Als, wie Genesis sagt, die Schleusen offen;
Wär's nicht zur Kurzweil, wär es schlecht gehandelt:
Man weiß ja doch, daß alles Vieh versoffen.
Ich reichte ihm die Schieferplatte: „Schau,
Das war ein Thier." Da zwinkert er die Brau,
Und hat mir lange pfiffig nachgelacht –
Daß ich verrückt sey, hätt' er nicht gedacht! –

Über den Autor

Jochen Kirchhoff, geb. 1944, lebt und arbeitet in Berlin. Er hat in den 1990er und Anfang der 2000er Jahre etwa 150 Vorlesungen zu naturphilosophischen Themen gehalten. Bisher ist nur ein Teil der Vorlesungen als Podcast und Transkript veröffentlicht. Über 400 öffentliche Vorträge zu naturphilosophischen und gesellschaftlich relevanten Themen hat er zudem seit 1980 gehalten. Zahlreiche durchgeführte Seminare u. a. zu geomantischen Themen und zur ganzheitlichen Rezipierung von klassischer Musik rundeten seine Lehrtätigkeit ab. Auf seinem Youtube-Kanal sind desweiteren philosophische Gespräche veröffentlicht, die auch auf zeitgeschichtliche Phänomen aus philosophischer Sicht eingehen. Sein schriftstellerisches Werk umfasst bisher seine naturphilosophische Tetralogie, Arbeiten zur Philosophie der Musik, Monografien, Beiträge in Zeitschriften und Schrifttum zur Bewahrung, Aufarbeitung und schöpferischen Pflege des philosophischen Werkes von Helmut Friedrich Krause. Jochen Kirchhoff ist ausgewiesener Kenner des Werkes von Giordano Bruno, Friedrich Wilhelm Schelling, Novalis, Friedrich Nietzsche, Arthur Schopenhauer und Helmut Friedrich Krause u. v. a. Er beteiligt sich regelmäßig mit Essays und Interviews am gesellschaftlichen Diskurs zu zeitgeschichtlichen Phänomenen und grundlegenden Fragen zur Bewältigung der Bewusstseinskrise der Menschheit aus philosophischer Sicht.

jochenkirchhoff.de

In der Reihe **PHILOSOPHISCHE PERSPEKTIVEN**
sind erschienen:

Gunnar Kaiser & Jochen Kirchhoff im Gespräch
ISBN 978-3-7597-4398-5

Essays zur Weltkrise
ISBN 978-3-7693-2511-9

... und auch die englischsprachige Ausgabe dieser Essays

Living Cosmology
ISBN 978-3-7693-8900-5

In der Reihe **PHILOSOPHISCHE MONOGRAPHIEN**
sind erschienen:

Giordano Bruno
ISBN 978-3-7597-2904-0

Friedrich W.J. Schelling
ISBN 978-3-7597-7730-0

Nikolaus Kopernikus
ISBN 978-3-7693-7667-8